高等教育"十三五"经管类精品教材

管理原理与实践精要

（第二版）

黄 炜 著

上海财经大学出版社

图书在版编目(CIP)数据

管理原理与实践精要/黄炜著. —2 版. —上海：上海财经大学出版社,2019.8

(高等教育"十三五"经管类精品教材)

ISBN 978-7-5642-3288-7/F・3288

Ⅰ.①管… Ⅱ.①黄… Ⅲ.①企业管理-高等学校-教材

Ⅳ.①F272

中国版本图书馆 CIP 数据核字(2019)第 118263 号

□ 策划编辑 台啸天

□ 责任编辑 台啸天

□ 封面设计 张启帆

管理原理与实践精要

(第二版)

黄 炜 著

上海财经大学出版社出版发行

(上海市中山北一路 369 号 邮编 200083)

网 址:http://www.sufep.com

电子邮箱:webmaster @ sufep.com

全国新华书店经销

上海华业装璜印刷厂印刷装订

2019 年 8 月第 1 版 2019 年 8 月第 1 次印刷

710mm×1000mm 1/16 12 印张 189 千字

印数:0 001—2 000 定价:39.00 元

前　言

目前市面上的管理原理书籍多为大而全的书籍(尤其国外此类书籍),把企业管理的方方面面乃至角角落落都涉及一下,面对这些大而全且侧重理论阐述的书籍,多数人会产生畏难、抵触情绪。针对此情况,本书旨在为读者提供基础的管理理论与分析,并将之与工作、生活实践紧密结合;精简掉需要全面学习管理原理的读者才研读的章节(这些内容本就是战略管理、市场营销、运营管理、企业伦理等书籍讲解的)。

目前较多管理原理书籍的内容较抽象、枯燥,本书致力于为读者提供深入浅出的讲解,用生动、浅显的语言和贴切的实例阐释管理理论。除基本的理论框架及其论述,作者力求写入本书的内容都是富有感染力和趣味性的,使本书成为一本精致、实用的管理教材,成为一本能立刻吸引读者注意力并激发他们兴趣的教材。

本书中案例众多,均是作者精挑细选的具有代表性的短小案例,使读者读后较容易归纳出案例印证的管理原理和方法。这些案例也与上下文紧密相关,并非只为增强可读性、趣味性而出现,也不只是因为有一两个相关的关键词而出现,而是真正能印证、佐证上下文的案例。

本书采用短段落形式,方便读者阅读、理解并能快速抓住段落重点。本书很好地做到前后呼应并保持风格统一。作者在非常多的地方标明“参见……”和前后呼应、对照的章节编号及项目编号,方便读者联系前后文,更好地理解有关论述。

作者摒弃空泛的理论说教风格，努力使理论论述贴近读者的学习、工作和生活实际，例如大量、深入探讨读者在工作和生活中很可能碰到的问题，以及管理理论和方法在这些问题上的应用。如此，让读者体会到管理理论的可贵与实用，使他们理解管理理论的普遍适用性，并激发读者在生活、工作、学习中自觉运用好管理理论。

本书以企业管理为主要研究对象，并较多地融合了历史经验与教训，以达到以古鉴今的效果。作者也致力于将一些重要的哲学原理、心理学原理、经济学原理、政治学原理等其他学科的原理和知识，以及作者的工作经验、人生阅历、感悟体会等有机地糅合到此书中，力求为读者带来更丰富的体验。古代的著作中也包含大量的管理思想的瑰宝，作者也挖掘了一部分这样的瑰宝，把它们融合到本书中。

作者在结构安排方面扬弃了现有诸多书籍的做法。在阐述完管理的基本概念、思想、原理和方法后（偏重理论内容），即把重点转向实践部分。第 5 章和第 6 章阐述组织结构与管理——这是企业的运营之本；第 7 章阐述决策，决策之后则阐述计划与实施，所以作者把后者放在第 8 章，并把控制也放到第 8 章——计划与实施需要控制来保障，它们是不可分的。管理（者）与领导（者）既紧密联系，又相互区别，所以把它们安排在第 9 章和第 10 章一起讲，以便读者集中体会上述关系。

如果说组织管理、计划、实施、控制以及其他一般性的管理更多的属于常规、程序性管理，那么领导、沟通和激励则更多的是人文管理，带有更多的艺术性、创造性和个性色彩。因此在第 10 章阐述领导之后，即在第 11 章和第 12 章阐述沟通与激励，把人文管理性质的内容放在本书的最后一部分讨论。

有效的、富有个性化色彩的激励措施需要有效沟通的基础，领导者和管理者需要了解被激励对象的当前需求、关键需求，需要进行有效沟通，为激励做好调查研究工作，所以本书先讲沟通，后讲激励。

书中装饰插图来自百度搜索提供的图片，作者对这些图片的作者和提供者表示衷心的感谢！由于作者的学识有限，书中难免会有瑕疵，敬请读者批评指正，作者邮箱：huangwei0630@163.com。

黄 炜

2018年9月8日

于上海工程技术大学管理学院

目 录

前言/001

第 1 章　导论/001

1.1　管理的概念/001

1.2　管理职能/003

1.3　管理的双重属性/004

1.3.1　管理的自然属性/004

1.3.2　管理的社会属性/004

1.4　管理者可能需要扮演的角色/004

1.5　管理者需要的技能/004

1.6　管理学的研究方法/006

第 2 章　管理思想/007

2.1　中国传统管理思想的要点/007

2.2　西方传统管理思想/009

2.2.1　西方早期管理思想/009

2.2.2　科学管理理论的产生和发展/009

2.3　西方现代管理思想中的几个学派/011

2.3.1　行为科学学派/011

2.3.2　管理科学学派/015

2.3.3　决策理论学派/016

第3章　管理基本原理/017
3.1　管理原理的主要特征/017
3.2　研究管理原理的意义/018
3.3　系统原理/018
3.3.1　系统的特征/018
3.3.2　系统原理的要点/019
3.4　人本原理/020
3.5　责任原理/021
3.6　效益原理/023
3.6.1　效益评价/023
3.6.2　效益追求/023

第4章　管理的基本方法/024
4.1　管理的法律方法/025
4.1.1　法律方法的内容/025
4.1.2　法律方法的特点/025
4.1.3　法律方法的作用/026
4.1.4　正确运用法律方法/026
4.2　管理的行政方法/026
4.2.1　行政方法的内容和实质/026
4.2.2　行政方法的特点/027
4.3　管理的经济方法/028
4.3.1　经济方法的内容和实质/028
4.3.2　正确运用经济方法/029

第5章　组织结构/031
5.1　组织设计/031
5.1.1　组织的两种基本结构形态/032
5.1.2　影响管理幅度的因素/034

5.1.3　组织设计的任务和原则/035
5.1.4　组织设计的影响因素/036
5.2　企业组织结构的基本种类/037
5.2.1　直线职能制/037
5.2.2　多事业部制/038
5.2.3　子公司型或控股公司型/041
5.2.4　多事业部制结构和直线职能制结构的新演变/042
5.3　其他组织结构/045
5.3.1　虚拟组织与网络组织/045
5.3.2　海尔的微商、创业平台与战略经营体/047
5.4　集权与分权/050
5.4.1　集权与分权倾向/051
5.4.2　集权产生的原因/052
5.4.3　集权对组织的积极意义/052
5.4.4　过度集权的弊端/052
5.4.5　分权途径/053
5.4.6　常见的不当分权/054
5.4.7　授权的主要误区/054
5.4.8　古代的分权和授权/056

第6章　组织管理/059
6.1　正式组织与非正式组织/059
6.1.1　非正式组织的积极影响/060
6.1.2　非正式组织的消极影响/060
6.1.3　积极发挥非正式组织的作用/060
6.2　直线管理人员与参谋/061
6.2.1　直线管理人员与参谋的矛盾/062
6.2.2　正确发挥参谋的作用/062
6.2.3　不使用参谋的情形/062

6.3 委员会/063
6.3.1 委员会制的优点/063
6.3.2 委员会制的局限/063
6.3.3 运用委员会的原则/064

第7章 决策/065
7.1 决策的不同分类方法/066
7.2 决策的特点/068
7.3 决策理论/068
7.3.1 古典决策理论/068
7.3.2 行为决策理论/069
7.3.3 当代决策理论/070
7.4 决策过程/070
7.5 影响决策的因素/072
7.6 决策方法/076
7.6.1 集体决策方法/076
7.6.2 关于经营方向的决策方法/077
7.6.3 关于经营方案的决策方法/079
7.7 决策者的理性限制/082
7.7.1 如何应对理性限制/082
7.7.2 关于人生的决策/83

第8章 计划、实施与控制/084
8.1 制订计划/084
8.2 实施计划/087
8.2.1 目标管理/087
8.2.2 滚动计划法/089
8.3 控制/091
8.3.1 控制在管理中的作用/092

8.3.2 控制与计划/094
8.3.3 控制的过程/094
8.3.4 控制的类型/095
8.3.5 控制的方法/098

第9章 关于管理人员的人力资源管理/099
9.1 选聘管理人员/100
9.1.1 对外招聘管理人员/100
9.1.2 在内部提拔管理人员/102
9.1.3 选聘管理人员的标准/104
9.2 考评管理人员/108
9.2.1 考评内容/108
9.2.2 考评要求/109
9.2.3 考评程序/109
9.2.4 常用考核方法/110
9.3 培训管理人员/112
9.3.1 培训的意义/112
9.3.2 培训方法/112
9.4 彼得原理/113

第10章 领导/114
10.1 领导与管理的区别/115
10.2 领导者的作用/116
10.2.1 指挥作用/116
10.2.2 协调作用/116
10.2.3 激励作用/117
10.2.4 榜样作用/117
10.3 领导特质理论/117
10.3.1 传统的领导特质理论/117

10.3.2　现代的领导特质理论/117
10.3.3　领导者不同于非领导者的特性/118
10.4　领导方式的类型/122
10.4.1　专权型领导/122
10.4.2　民主型领导/122
10.4.3　放任型领导/122
10.5　管理方格理论/123
10.6　领导的其他方面/126
10.6.1　领导集体的结构/126
10.6.2　权变理论/127
10.6.3　领导艺术/127

第11章　沟通/130
11.1　沟通类别/131
11.1.1　按功能划分/131
11.1.2　按沟通方法划分/131
11.1.3　按组织系统划分/132
11.1.4　按沟通方向划分/132
11.1.5　按是否有反馈划分/133
11.2　沟通模式/133
11.2.1　轮型网络/133
11.2.2　链型网络/134
11.2.3　环型网络/134
11.2.4　全通道网络/135
11.3　非正式沟通/136
11.3.1　非正式沟通的特点/136
11.3.2　非正式沟通的模式/136
11.3.3　正确对待非正式沟通/138
11.4　沟通障碍/139

11.4.1 造成沟通障碍的个人因素/139
11.4.2 造成沟通障碍的人际因素/140
11.4.3 造成沟通障碍的结构因素/140
11.4.4 造成沟通障碍的技术因素/141
11.4.5 如何克服沟通障碍/144
11.5 金鱼缸法则/145
11.6 冲突管理/146
11.6.1 引起冲突的差异/146
11.6.2 正确认识冲突/147
11.6.3 冲突处理策略和方法/147

第12章 激励/151
12.1 激励理论/151
12.1.1 期望理论/152
12.1.2 公平理论/152
12.1.3 强化理论/155
12.2 常用激励手段/157
12.2.1 工作激励/157
12.2.2 批评激励/158
12.2.3 金钱/159
12.2.4 认可与奖励/160
12.2.5 带薪休假和享有一定的自由/161
12.2.6 员工持股/163
12.2.7 提供个人发展和晋升的机会/163
12.2.8 战略前景激励/164
12.3 激励与考核制度设计/167
12.3.1 英国商船运输囚犯到澳大利亚的故事/168
12.3.2 美国空军和降落伞制造商的故事/169

参考文献/171

后记/172

第1章　导　论

1.1　管理的概念

亨利·法约尔指出：管理是由计划、组织、指挥、协调、控制职能为要素组成的活动过程。小詹姆斯·唐纳利指出：管理就是协调人际关系，激发人的积极性，以达到共同目标的一种活动。此概念体现了人本原理。

管理既是艺术又是科学。管理实践是一门艺术，而指导这种实践活动的、有条理的知识，则可以称为一门科学——从泰勒的科学管理开始，即标志着管理已作为一门科学而存在。说管理是一门科学，是因为它强调按一定的管理原理行事，提倡使用恰当的科学技术；说它又是一门艺术，是因为它告诉人们，在遵循相同的基本原理的基础上，可以有不同的表现、不同的风格、不同的创新。

例如，管理理论中的人才战略就告诉我们，须尊重人才、招揽人才、用好人才。虽然使用该战略采用的基本原理基本上是相同的，但实施的方法却可以各不相同。例如，中国自古就有尊重人才的传统，但招揽的方式却各有千秋。

战国时期的燕昭王筑台而师郭隗[①]，此举令天下震动，最终为燕国招揽了许多人才，如乐毅（又写作越邑）、邹衍、剧辛等，终致燕国富强。东汉末期的霸主们招揽人才、对待人才的方式也各具特色：孙权在江东设招贤馆[②]，破格提拔年轻都督；刘备三顾茅庐请诸葛亮出山；曹操不以貌取人，初次见到庞统即倾心相待（而庞统在江东和新野的初期却分别被孙权和刘备怠慢过）；等等。

在管理风格方面，有这样三个例子。春秋时子产（公孙侨，其所处年代比孔子的早）治郑（一谓相郑），民不能欺。因为子产才能高、学识广、明察秋毫。子贱（宓不齐，孔子的弟子）治单父（鲁国地名，子贱为单父宰），民不忍欺。因为子贱有才智，性仁爱，品德高尚，官民感情深厚。战国时西门豹治邺（魏文侯时西门豹为邺令，魏国在今河南），民不敢欺。因为西门豹品行刚正，执法严明。上述例子源自《史记·滑稽列传》。

管理的艺术性提倡对管理理论运用的灵活性和对管理方法选择的技巧性，要求管理人员随机应变，富有创新力。管理的科学性与艺术性是互补的。管理的科学性是基础，如果不掌握管理理论和方法，就谈不上灵活运用，结果往往凭经验、靠运气解决问题，参见 3.2 节的论述。不注重管理的科学性而只强调管理的艺术性，这种艺术性可能表现为随意性。反之，不重视管理的艺术性，则管理科学将可能变成僵硬的教条[③]。

管理学研究者以在各种管理工作中普遍适用的原理和方法为研究对象。

［思考题］[④]

企业管理的主体是（　　）。

A. 企业广大员工　　B. 企业的高层领导

C. 企业的基础管理者　　D. 企业全体管理者

---

① 郭隗为燕昭王讲“千金买马骨”的故事，启发求贤若渴的燕昭王。

② 据说刘邦屈居汉中时就设过招贤馆。

③ 徐碧琳. 管理学原理[M]. 北京：机械工业出版社，2017.

④ 正确答案是 D。

1.2 管理职能

管理职能主要表现在五个方面。

(1)计划。确定目标,确定为达到目标需采取的行动,见图1—1。

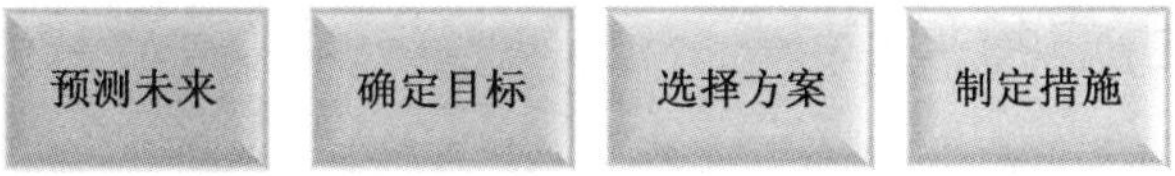

图1—1 计划过程

计划与决策的关系:计划与决策密不可分。在计划过程中需要决策,决策是计划和修订计划的前提;计划是为决策服务的,是实施决策的工具和保证。

规划、计划与战略的关系:它们都是筹划未来,从管理职能的角度看,都可归入计划范畴;战略是规划和计划的灵魂,规划和计划必须体现既定战略。

(2)组织。根据工作需求与特点设计岗位,用制度规定成员的职责和相互关系,见图1—2。

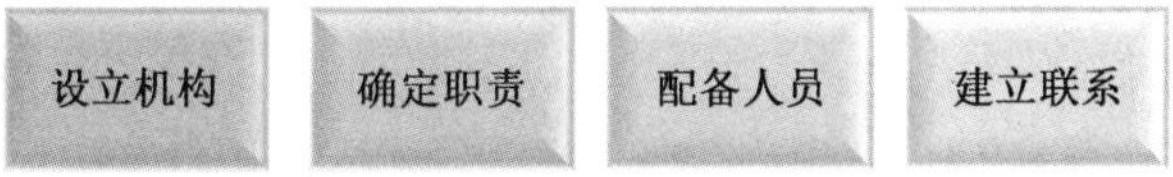

图1—2 组织流程

(3)领导。激励、带领成员达到组织的目标,见图1—3。

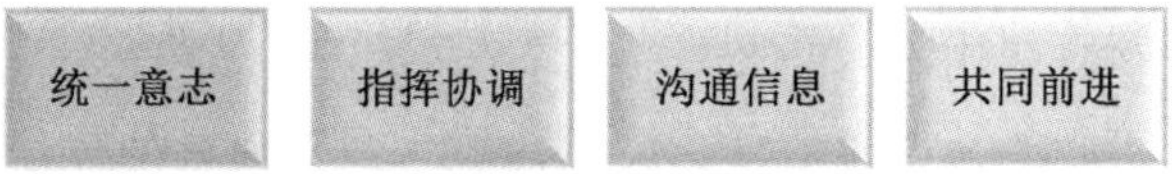

图1—3 领导功能

(4)控制。纠正执行计划过程中的偏差,使执行过程符合目标,见图1—4。

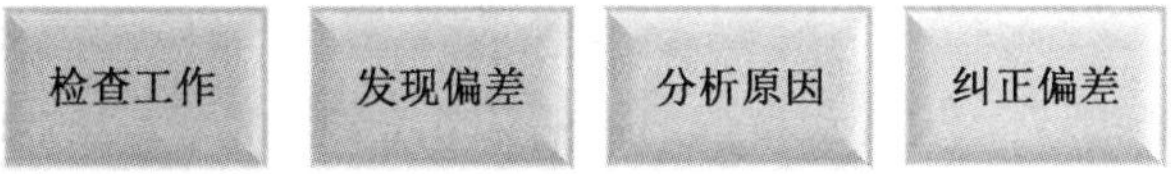

图1—4 控制过程

发现偏差的方法是,用(设定的)标准值衡量(度量绩效后获得的)指标值。

(5)创新。突破旧的规范。

创新是保证系统活动顺利进行的原动力。在当今社会,创新是企业生存与发展之道。

1.3 管理的双重属性

1.3.1 管理的自然属性

管理也是生产力,与社会化大生产相关,与社会制度、意识形态无关。生产力是人们开展生产活动的能力,而意识形态则是观念、观点、概念、思想、价值观等要素的总和。

1.3.2 管理的社会属性

管理是为统治阶级、生产资料所有者服务的;与生产关系、社会制度相关,体现生产关系的特点。生产关系是人们在物质资料生产过程中结成的社会关系,又称经济关系。

1.4 管理者可能需要扮演的角色

管理者需要扮演人际角色、信息角色和决策角色。人际角色产生于管理者的正式权力的基础,如代表人角色(法人代表)等。信息角色,即在不同的人之间沟通信息,为不同的人传递信息。决策角色——管理者处理信息,做出决策,并分配资源以保证决策方案的实施。

1.5 管理者需要的技能

管理者一般需要三种基本技能,即概念和决策技能、人际关系技能和技术技能。

概念和决策技能指综观全局、认清为什么要做某事的能力，能洞察企业与环境相互影响和相互作用的关系，还包括发现问题和趋势的能力。

人际关系技能指成功地与他人打交道并与他人沟通的能力，理解、激励他人并与他人共事的能力。

在技术技能方面，不需要管理者一定是精通某一领域技能的专家（例如IBM卓越的前总裁郭士纳并非计算机专业人士，任正非也自认不是通信技术的专业人士），但需要管理者了解并初步掌握与其管理的专业相关的基本技能。

对不同层级管理者的不同技能，有不同的要求（例如在技能占比方面），见图1—5。

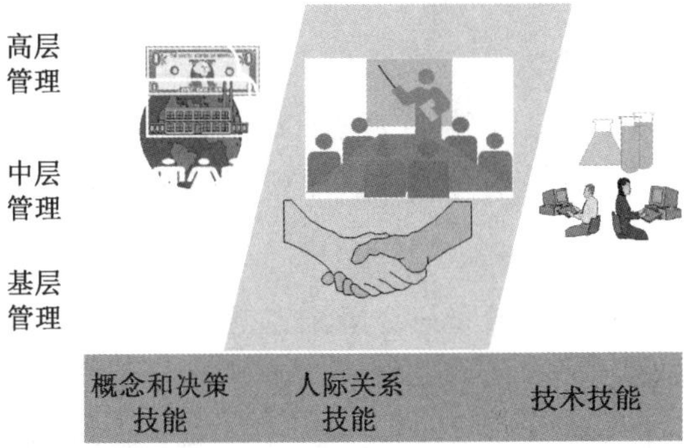

图1—5 不同层级管理者的不同技能大致应占的比例

［思考题］

某研究所的一位管理人员说，他的主要职责是给软件开发人员分派具体工作任务并指挥和监督开发人员完成任务。由此推断，这位管理人员属于该研究所什么层级的管理人员？①

① 答案：这位管理人员是基层管理人员。

［思考题］

小林负责管理两条日产万件产品的无人全自动流水线，他可以被认为是（　　）。[①]

A. 高层管理者

B. 中层管理者

C. 基层管理者

D. 操作者

1.6 管理学的研究方法

（1）归纳法，即从典型事物入手，找出事物发展的一般规律。

（2）试验法，即设计出某种条件，观察试验结果，再寻找规律。

（3）演绎法，即用实证研究找到一般规律，加以简化后，建立模型，用模型解释、说明问题。[②]

实证研究（即归纳法）一般指研究者亲自观察研究对象、收集资料，为提出理论假设或检验理论假设而展开的研究。实证研究具有鲜明的直接经验的特征。它是通过对研究对象进行大量的观察、实验和调查（问卷调查/社会调查），获取客观材料，从个别到一般，归纳出事物的本质属性和发展规律的一种研究方法。研究者在管理科学、社会科学领域普遍使用此方法。

① 正确答案是D。

② 爱因斯坦指出："适用于科学幼年时代的以归纳为主的方法，正在让位给探索性的演绎法。"直觉和演绎思维方法是对推理逻辑思维方法的突破。

第2章　管理思想

2.1　中国传统管理思想的要点

中国传统管理思想及理论框架基本形成于先秦至汉代这一时期，主要体现在先秦到汉代的诸子百家思想中，如儒家、道家、法家、兵家、商家思想。中国传统的管理思想，分为宏观管理的治国学和微观管理的治生学，作为管理的指导思想和原则，它们可以概括为以下一些要点。

(1)顺道。道是治国的道理，也是客观规律。

(2)重人。重人心向背，重人才归离。

(3)人和。处理好组织内外部的人际关系。古训：天时不如地利，地利不如人和；家和万事兴。

(4)守信。言必信，行必果。这句话出自《论语·子路》。意思是说话要有诚信，对答应别人的事，必须做到。反之，对难以做到的事勿轻承诺。

(5)利器。工欲善其事，必先利其器，做事要有好的工具。老子、庄子还告诫说，国之利器不可示于人(见《道德经》和《庄子》)。国家的有力武器(例如治国方略、重大决策、镇国之宝、军事机密)不可以轻易拿出来夸示于人。

现代人则往往反其道而行之，各国常常向对手“大秀肌肉”，展示自己的尖端武器，以起震慑作用，避免与对手轻易开战、直接开战，从而避免给自身带来重大损害。另外，当前国际社会要求各国的国策有一定的透明度，所以不少国家会公开自己的一些国策[①]，以取信于国际社会，取信于友邦和(潜在)战略合作者。我国拍摄《大国重器》《超级工程》《厉害了，我的国》等纪录片，近两年央视新闻频道午间新闻节目的最后一个版块介绍解放军军演，也有上述战略意图，同时还能激发全民族的爱国热情。

(6)求实。实事求是，凡事量力而行。

(7)对策。研究规律，讲究策略。

(8)节俭。我国理财和治生历来提倡开源节流，勤俭建国，勤俭持家。孔子主张节用而爱人，使民以时。墨子说：其财用节，其自养俭，民富国治。丢掉艰苦奋斗的作风，处处排阔气、讲排场，骄奢淫逸，不仅增加了经营成本，更严重的后果是削弱了人的奋斗精神。

华为公司的总裁任正非很注重这一点，他强调："艰苦奋斗是华为文化的魂，是华为文化的主旋律。"华为公司的平均工资在国际信息通信技术行业也是一流水平，正因如此，任正非才更加严肃地警示华为公司的全体员工，尤其那些已经是千万身家的高管们，决不能贪图享受、不思进取。华为还用制度抑制那些追求享受、不再敬业的员工，例如要求他们带着股票离职，把职位让给愿意艰苦奋斗的员工。艰苦奋斗永不过时，是企业永葆进取精神的法宝。

毛主席在党的七届二中全会上告诫全党："因为胜利，党内的骄傲情绪，以功臣自居的情绪，停顿起来不求进步的情绪，贪图享乐不愿再过艰苦生活的情绪，可能生长。""务必使同志们继续地保持谦虚、谨慎、不骄、不躁的作风，务必使同志们继续地保持艰苦奋斗的作风。"

(9)法治：英语中有这样两个短语：Rule of law 和 Rule by law。前者可被翻译成法治(法律制度、法律规则)，法律是至高无上的，政府也不能凌驾其上。后者可被译成依法施治(此时 rule 用作动词——通过法律，借助法律治理)，法律是统治者的工具。

---

① 例如我国公布"工业制造 2025"国策，美国公布"美国优先"国策，还有德国的"工业 4.0"。

2.2　西方传统管理思想

2.2.1　西方早期管理思想

西方早期管理思想是以亚当·斯密的代表作《国富论》为标志的。他的三个主要观点是：劳动是国民财富的源泉；劳动分工可以提高劳动生产率；工人的工资越低，雇主的利润越高，工资越高，利润越低。

2.2.2　科学管理理论的产生和发展

科学管理理论对管理学理论和管理实践的影响是深远的，它冲破了几百年沿袭下来的传统落后的经验和管理方法，将科学引进了管理领域。直到今天，科学管理的许多思想和做法仍被人们参照采用。

2.2.2.1　泰勒的科学管理理论

泰勒于 1911 年发表著作《科学管理原理》，此事件一般被看作管理走向科学的起点，因而泰勒被尊为科学管理之父。“提高劳动生产率”是泰勒创立科学管理理论的基本出发点。泰勒思想的追随者吉尔布雷斯夫妇的“砌砖动作”研究，使砌每块砖的动作从 18 个压缩到 5 个，砌砖效率提高了 3～6 倍。

(1)科学管理理论的要点。科学管理的中心问题是提高劳动生产率；科学管理的根本目的是用科学的方法提高现场生产效率；为提高劳动生产率，必须配备一流的工人，培训一流的工人是企业的责任；应要求工人掌握标准化操作方法，在标准化的作业环境中工作；实行有差别的计件工资制；工人和雇主都必须来一次“心理革命”，由相互对抗变为相互信任；把计划职能与执行职能分开，变根据经验工作为根据科学管理方法工作；实行职能工长制；在管理、控制方面实行例外原则。

上级管理人员只保留对例外事项[①]的决策和监督权，将一般的日常事务授权给下级管理人员处理——但是直到如今，仍有不少管理人员不能较好地使用这一原则，导致工作低效，上下级关系不融洽。

(2)对泰勒科学管理理论的评价。这是管理的创新，也为管理实践开辟了新局面；由于采用了科学的管理方法和操作程序，使生产效率提高了两三倍，推动了生产发展，适应了资本主义在这个时期的发展需要；由于管理职能与执行职能分离，企业里开始有一些人专门从事管理工作，这就使管理理论的创立和发展有了实践基础；泰勒把工人看作"经济人"[②]。

虽然经济人假设有偏颇之处，但不能认为经济人的观点就一定不正确。在当今社会，即使是受过高等教育、身处高位的人，例如企业里的董事、高管，他们中的某些人表现出的贪婪就是经济人的特点。不过最终使这些经济人特性显著的人偏离正轨、铤而走险的，是他们对预期非法利益与惩戒风险的不当权衡。而这种权衡的结果在很大程度上又取决于公司治理制度完善与否。

2.2.2.2 法约尔的组织管理理论

法约尔的著作是《工业管理与一般原理》。法约尔提出了管理的5项职能和14条原则，这5项职能是计划、组织、指挥、协调和控制；并提出了管理的14条原则。14条原则是劳动分工、权利与责任统一、遵守纪律、维护纪律、统一指挥、统一领导、个人利益服从集体利益、人员的报酬须公平、适当集权与分权、等级原则、遵循秩序、公平原则、保持员工的稳定、发挥主动性和团结原则。

---

① 例外事项较难处理，需要管理人员对管理对象有更深入的认识，需要管理人员有更多的管理经验、更高超的管理艺术、更强的组织协调能力(如调度资源的能力、协调多个部门的能力)，以及较强的管理创新能力等。

② 在不同时期，研究者和管理者对企业员工的不同认识："受雇人"——企业主把工人看作会说话的工具，严格管制；"经济人"——工人们都是唯利是图的；"社会人"——进步的理念，认为工人在工作场合有社交需要；更进步的理念是"管理人"——工人或雇员有双重身份，既是被管理者也是管理者，强调自我管理。

2.3　西方现代管理思想中的几个学派

继科学管理理论之后，管理理论与实践繁荣发展，形成了学派林立、百家争鸣的局面。出现了孔茨提出的管理的“理论丛林”。下面介绍其中的三个学派。

2.3.1　行为科学学派

行为科学的发展从人群关系理论开始，而人群关系理论的提出又是基于霍桑试验。霍桑试验的结论：工人是“社会人”；满足工人的社会或社交欲望，提高工人士气，是提高生产效率的关键（关于员工满意度[①]的较早论述）；企业中存在非正式组织。

行为科学学派的主要理论如下。

2.3.1.1　马斯洛的需要层次理论[②]（见图 2—1）

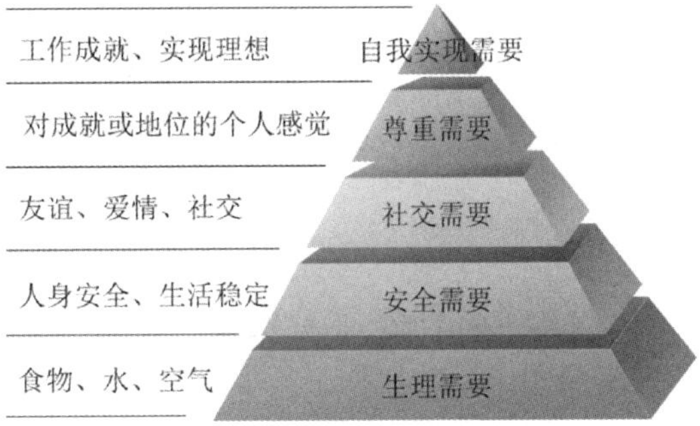

图 2—1　马斯洛需要层次理论中的五层需要

需要层次理论的两个基本观点：需要只有未得到满足才会激发人的动机；只有在低层次的需要得到满足后，较高层次的需要才会出现。第二个观点并不

① 市场营销理论认为：员工忠诚度取决于员工对公司的满意度→员工忠诚度的提高能促进员工工作效率的提高→顾客获得的高价值源于企业员工的高效率→顾客满意度由顾客获得的价值大小决定→顾客忠诚度由顾客的满意度决定。

② 它首先是心理学领域的研究成果；在管理学领域使用此理论是对心理学理论的应用。

总是正确的，在不少情况中甚至是错误的结论。例如，李公朴和闻一多为了民族团结、为了避免内战、为了大众的幸福，不惜冒着被特务暗杀的危险，公开发表演讲，抗议蒋介石政权阴谋发动内战。这就是放弃第二层需要的例子。西汉时的霍去病为了民族发展，为了国家的长治久安，表达了“匈奴未灭，何以家为”的志向，这是放弃第三层需要的例子。

马斯洛需要层次理论的运用主要表现为以下几点。

(1)满足不同层次的需要。管理者必须清楚员工当前的需要层次，针对不同的需要层次采用不同的激励方法。对高级需要，须从心理内部使人得到满足；对低级需要，须在外部环境、物质条件方面使人得到满足。

(2)满足不同的人的需要。不同的人有不同的需要，管理者须了解激励对象，针对激励对象的不同需要，采取激励措施。

在生活、学习、工作中，尽量使每一次选择都成为成长选择，而不仅仅关注眼前利益、贪图安逸以及过度追求稳妥；在谨慎的基础上，以开放的心态抛弃防卫心理，选择成长。每一次承担责任就是一次自我实现。

案例

华为公司的激励

华为公司提出长期艰苦奋斗的口号——主要针对高管。因为高管的收入已经很高了，从人性的角度看，收入持续激励的边际效用递减；物质激励到一定程度，人们的需要就会转向重视休闲、生活的质量、家庭。人性如此，企业却不能这样。企业的高管如果都这样的话，就没人奋斗了，那么企业要不了几年就会垮掉。

高管不奋斗怎么办？拿着股票退休，让出位置来，让奋斗者上去。这个竞争和淘汰是很残酷的，不这么做根本不行，否则企业就没有希望。[1] 华为的全员

---

① 黄卫伟. 华为如何让18万优秀人才“累、爱并快乐地奋斗”[OL]. 2017－3－3.

持股管理规定还包括：员工绩效降低或职级降低，须退出所持（部分）股份（虚拟股）。

美国耶鲁大学的克雷顿·奥尔德弗对马斯洛的需求层次理论做了一定的修改，并将马斯洛的五个需求层次整合成三个：生存（Existence）、关系（Relatedness）、成长（Growth），简称 ERG 理论。

ERG 理论没有严格的等级，生存需求没有获得完全满足时，员工可以追求关系需求和成长需求，三种需求同时起作用。当更高层次需求未获得满足时，人们可能转向低层次需求。当某种需求获得满足时，需求强烈程度可能不减弱，甚至变得更加强烈。ERG 理论打破了马斯洛需求层次的不可逆性。

2.3.1.2　双因素理论

赫茨伯格指出，影响人的行为的因素有两类。

(1)保健因素。它与工作环境有关，是保证完成工作的基本条件，例如与上级和同事的关系、工资、工作安全、工作条件、社会地位、企业的政策、监督。如果保健因素的情况不佳，员工可能辞职，所以说保健因素是基本条件。

例如，一个油漆车间里对人有害的物质很集中：又脏又吵；冬天的温度到零下，夏天到四十多摄氏度；工人的报酬又不算多。这样的保健因素就比较差。如果工人们多次要求管理层改善工作条件、提高工资待遇，管理层仍不予回应，不加重视，那么将导致该车间工人的流动率较高，这对提高生产效率和产品质量都很不利。

2017 年春节过后，一些快递公司的部分员工未返岗，导致一些快递站点的货物堆积，迟迟发不出去。因为这部分员工转行到饮食外卖平台企业送货去了，转行的主要原因是前者的工作压力大，报酬也只比后者的稍高一点。

当保健因素的情况较好时，员工的工作效率不一定就很高，也就是说员工不一定因为好的保健因素而产生高的工作效率。这是因为员工认为，大家都享受到这些，并不只是给自己的奖励。此道理即“不满意的对立面不一定是满意，而可能是‘没有不满意’”。而且员工即使满意了（某些利益得到保障了），也不一定受到激励。但是把一个工人从工作条件差的企业调到另一个工作条件好的企业，他的工作积极性和绩效很可能有明显的提高，起码在起初的一段时间里会这样。

(2)激励因素。它以工作为中心,关于工作本身的因素,能激励员工提高绩效。例如,工作方面的成就感、工作本身的性质(例如工作有趣,澳大利亚大堡礁护岛员的工作就是一个很有趣的工作)、个人发展的可能性大、受到重视、晋升、责任等。

2.3.1.3 X、Y理论(麦格雷戈提出的)

(1)X理论。人的本性是懒惰的,大多数人好逸恶劳,仅用奖励不足以使人勤奋工作,必须严格管理,强制工作。要采用胡萝卜加大棒的方法。

(2)Y理论。大多数人是勤劳的,在好的工作环境(例如谷歌、微软公司的"五星级"工作环境)中人们愿意努力工作,承担责任。应创造好的环境,使员工的智慧、能力得到充分发挥。

2.3.1.4 "超Y"理论(洛尔施和莫尔斯提出的)

不同的员工、不同的工作对管理方式的要求不同,管理者应根据不同的情况,采取不同的管理方式。

在企业里,有的人希望有正规的组织与规章条例(大企业一般都有这些)要求自己的工作,而不愿意参与问题的决策、承担责任。这种人欢迎其上司以"X理论"指导管理工作。而有的人却需要更多的自治责任和发挥个人创造力的空间(在小企业或初创企业里常常有这样的空间),这种人则欢迎以"Y理论"为指导的管理方式。

2.3.1.5 Z理论(威廉·大内提出的)

(1)企业管理者与工人的利益是一致的,两者的积极性可融为一体(泰勒也持与此相同的观点)。

(2)企业对工人的雇用应该是长期的(日本企业的传统)。

(3)鼓励工人参与管理。

(4)实行个人负责制。例如,海尔实行"人单合一"制度,每个员工须对自己的订单负责,每个员工就是一个“经营单元”。海尔又推出开放创业平台/商业生态圈，海尔员工以及海尔集团外的人员衍生成为小微企业，在这些平台上创业，为海尔带来商机和创意。参见5.3.2小节。

(5)上下级关系须融洽。

(6)全面培训职工。

(7)相对缓慢的评价与稳步提拔。“路遥知马力，日久见人心”就说明了这个道理。提拔太快不但可能给企业造成损失，也可能伤害员工。

员工还未经历较多的磨炼和学习，还未经历过渡职位的锻炼，就被提拔到较高职位，这时巨大的压力、新环境、新任务、新要求很可能使他们无所适从，进而犯错误，甚至做出重大错误决策，给企业造成重大损失。这也会使该员工一下子丧失信心，失去进取精神，在这种情况中，快速提拔他(她)的高层管理者可能就毁掉了一个可塑之才。[①]

(8)控制机制要含蓄——几乎没有人愿意被监视和严密控制；检测手段要正规。

2.3.2 管理科学学派

管理科学学派重视把最新的科技成果应用到管理工作中，是科学管理理论的发展。但管理科学理论的研究范围已远超泰勒时代的范围，涵盖了整个组织的所有活动；管理科学采用的现代技术与方法也是泰勒时代的情形无法比拟的。

管理科学学派的观点：以最少投入取得最大产出；管理就是制定和运用数学模型与程序的系统；人是“理性人”(类似“经济人”概念)，会根据利益刺激而提供不同的努力。该学派较少考虑人的其他行为动机，如人的社会性特点。

行为科学理论用自然科学方法解决管理中人的问题；管理科学理论则用自然科学方法(主要是定量统计方法)解决生产与业务问题。管理科学学派注重经济技术研究，不太注重社会心理研究，往往忽略了人的因素。

---

① 还有一种情况是：被纪检机构查处的高管，经他(她)快速、越级提拔的干部很可能遭解职。福兮祸所伏，青云直上不一定是好事，可能连原有的也将失去。

在实践中，管理科学方法主要用于企业决策，在决策时以充分的事实为依据，采用逻辑思考方法，计算和分析大量的数据和资料，遵循系统的程序和方法。在企业管理中采用管理科学方法，有助于减少主观决策的风险。[①]

2.3.3 决策理论学派

决策理论学派的代表人物是西蒙，他认为管理就是决策。决策分程序性决策——对常见的、熟知的事务，按常规和既定原则决策；非程序性决策——由有经验、有能力的管理者做出。

本章上述内容是比较成熟、经典的管理思想，当前的管理学研究者与企业管理者在前人的基础上正继续发展管理思想。现代企业管理思想发展的特点是战略化、知识化、虚拟化(例如虚拟企业)、人性化、网络化、全球化。

当前比较热的管理思想是“互联网＋”管理思想。该思想强调产品定制化、组织扁平化、员工创业化、投资社会化，也强调跨界融合和创新驱动。

① 赵丽芬，刘小元. 管理理论与实务[M]. 北京：清华大学出版社，2017.

第3章　管理基本原理

3.1　管理原理的主要特征

管理原理的主要特征表现在以下四个方面(见图3—1)。

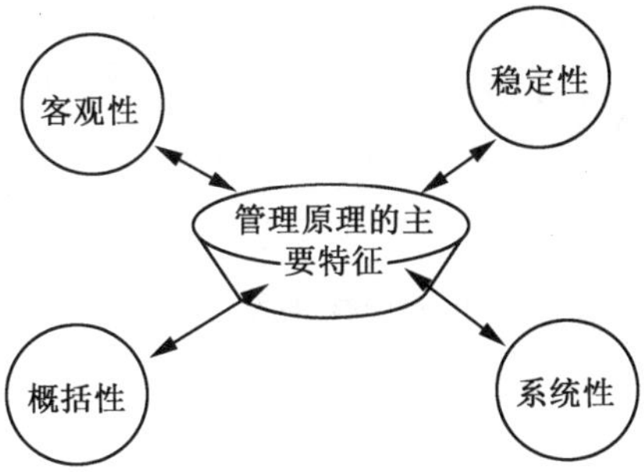

图3—1　管理原理的主要特征

(1)客观性。管理原理反映管理的客观规律,无人为因素。人们违背原理后,不一定被某个组织惩罚,但会被客观规律惩罚,如经营亏损、客户离去、市场份额降低、企业破产等。

与上述内容相对应的是:原则——人们根据自己对客观规律的认识而制定的行为准则,有一定的人为因素。谁违背了原则,就可能被制定原则的群体惩罚。

原则和规定是人制定的;原理和规律是客观存在的。

(2)概括性。管理原理被普遍认可,已被大量管理实践证明。

(3)稳定性。在一段时间内是相对稳定的。

(4)系统性。系统性指管理工作须遵循系统原理、人本原理、责任原理和效益原理。管理是在系统内部以人为本,通过确定责任达到一定的效益。

3.2 研究管理原理的意义

(1)掌握管理原理有助于加强管理工作的科学性,避免盲目性。这些原理是前人宝贵经验和惨痛教训的系统总结,是已被大量管理实践证明的普遍真理。我们遵循它们就能避免重蹈覆辙,避免付出惨痛代价。

(2)研究管理原理有助于掌握管理的基本规律。

(3)对管理原理的掌握有助于迅速找到解决管理问题的途径和手段,也能提高工作效率、决策效率,能快速应对复杂、多变、紧急的环境和事务。荀子在《劝学》中说:"吾尝终日而思矣,不如须臾之所学也。"我们如果能切实掌握诸多管理原理,将来碰到管理问题时就能以科学的方法事半功倍地解决问题。

3.3 系统原理

系统是由若干相互联系、相互作用的要素组成,在一定的环境中具有特定功能的有机整体。

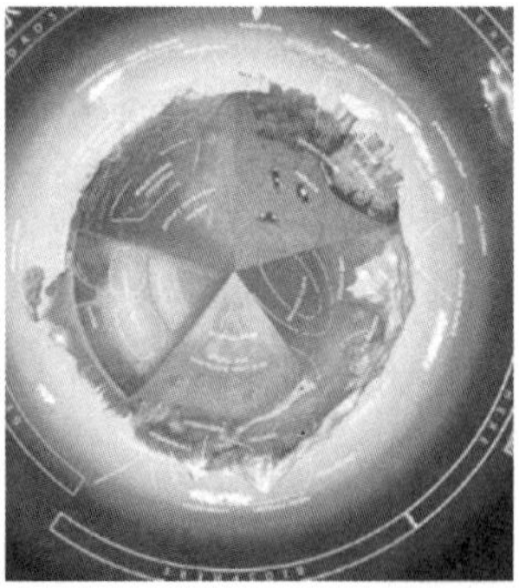

3.3.1 系统的特征

(1)集合性。系统由若干要素组成。

(2)层次性。系统在结构或功能方面的等级秩序。层次具有多样性,可按物质的质量、能量、运动状态、空间尺度、时间顺序、组织化程度等多种标准划分。一个系统的不同层次具有不同的性质和特征，既有共同规律（例如分形特征，中微观层面有与宏观层面类似的规律），又各有特殊规律。

(3)相关性。系统的各组成要素之间的相关性。

3.3.2 系统原理的要点

(1)整体原理。局部须服从整体；系统的功能大于其各部分功能之和（由亚里士多德提出）——协同效应，量变引起质变。

(2)动态原理。运动是系统的生命。流水不腐，户枢不蠹。房子长期无人居住容易败落；家具长期无人使用，容易腐坏；电器长期无人使用，容易报废。[①]

(3)开放原理。任何有机系统都是耗散结构系统，系统与外界不断交流物质、能量和信息，才能维持其生命。并且只有当系统从外部获得的能量大于系统内部消耗散失的能量时，系统才能不断发展壮大。对外开放也是系统的生命。[②]

比利时物理学家普利高津于1969年提出耗散结构理论。耗散结构理论以远离平衡的开放系统为研究对象，研究系统与其外界交换物质和能量，进而形成和维持稳定化了的体系结构。耗散结构理论把热力学第二定律与达尔文进化论统一在更广泛、更普遍的理论中。

开放的反面——封闭。闭关锁国政策早在朱元璋时期就被采用。清王朝在其强盛时，以天朝自居，不愿与外部世界多交流，与汉、唐时期的做法正好相反。唐朝之所以成为当时的世界文化中心，正是因海纳百川的开放态度。清朝政府采取闭关锁国政策是为了保全它的统治，防止危及朝廷的外部思想进入。

清朝政府的海禁，虽能解决军事方面的一时困境，但也是作茧自缚，严重限制和破坏了沿海经济的发展，影响沿海人民的生产、生活。作者到浙江舟山旅游时，就看到了这方面的历史记载。倭寇的总头领汪直[③]（安徽人）说：开放海禁，寇也成了商人；不开放，商人也成了寇。

当清朝政府衰落时，它害怕列强的侵略，于是采取闭关锁国的策略，与海禁

---

① 原因可能是湿气散不掉，霉菌滋生，虫害、鼠害，缺乏维护、保养等。

② 陆雄文. 管理学大辞典[M]. 上海：上海辞书出版社，2013.

③ 其实倭寇并非都是日本人，朝廷把打击海盗扩大化了，把一些武装保护自己的、做海外贸易的商人也当作寇打击。

思想一脉相承；另一方面，它害怕人民从外部获得反清王朝的思想和方法。[①] 然而这种策略就如同鸵鸟害怕时把头藏到沙里一样蠢。

不从外部吸取营养，不向外部学习，国家和民族就更加陷入僵化，就会落后，落后就要挨打。正因如此，我国才把改革开放定为基本国策。

(4)环境适应原理。物竞天择，适者生存。系统须适应环境才能生存。企业为适应内外环境的变化，须具备灵活性，采用合适的企业战略，进行有效的竞争。

(5)综合原理。可以把复杂的系统分解为简单的单元以便解决问题[②]，也可以把简单的单元组合为新的系统。综合也是一种创造。例如，苏联一款战斗机的诸多零部件的性能都不如美国的，但是由于其整体设计优良，零部件搭配科学，充分发挥了各个部件的性能，因而该款战斗机的整体性能反而优于美国同类战斗机。

3.4 人本原理

人本原理的主要观点如下。

(1)职工是企业的主体。老一辈革命家告诉我们：历史是人民创造的；人民群众的创造力是无穷的。

(2)有效管理的关键是职工的参与。千难万难，充分发动群众，把群众智慧集中起来就不难。海底捞餐饮公司基于家庭式的企业文化，决策时往往不是管理者独断，而是上下级人员一起讨论，然后综合整理，得出有效方案。例如，海底捞公司修改日常管理制度时就这样做，使做出的决策符合大多数员工的利益。这是决策有效执行的保障。战略管理、企业文化建设等也需要员工参与。

(3)现代管理的核心是使人性得到完美发展。组织成员的人性完美发展后，组织也能获得较好的发展。阿里巴巴集团就认为：公司成长主要取决于两方面的成长，即员工成长和客户成长。海尔集团总裁张瑞敏认为：如果一个员工的思想不通，派十个人都管不住他；思想通了，不用管他，他都会努力工作。

---

① 对外侮，不能采取有效的强国政策；对内忧，顽固地不肯立宪，不愿完善自我、与时俱进。

② 学生碰到复杂的、难度很大的数学、物理题目时，可以考虑能否把它们分解成几个较小的问题分别解决，再综合得到想要的最终答案。而这些小问题的难度明显降低了。

海底捞餐饮公司的总裁张勇认为：仅让员工严格遵守流程和制度，等于只雇用了他们的双手；不能忽视员工最有价值的部位——大脑。当员工用心的时候，他们的大脑创造力最强。怎样方能让员工用心呢？张勇认为，必须把员工当作家里人。

(4)管理是为人服务的。海底捞餐饮公司规定区域管理者每月必须在员工宿舍生活三天，体验员工的衣食住行是否舒适，以便及时改善。

《孙子兵法》说："视卒如婴儿，故可与之赴深溪；视卒如爱子，故可与之俱死。"没有爱护就没有拥护，关心下属、以人为本是企业管理的重要因素之一。

3.5　责任原理

责任原理即明确每个人的职责。明确职责的前提是分工，只有分工明确，职责才能明确。有责任感是员工的美德，负责任的员工是组织的宝贵财富。一个组织乃至社会发生了事故、产生了损失，究其原因，往往都是一些低级错误造成的，而不是因为欠缺高超的管理技巧或因为技术难题未解决。

又是什么导致这些低级错误在古今中外那么多组织里反复发生呢？最重要的一个原因就是相关成员/员工缺乏必要的责任感。他们就像吃大锅饭的工人和公社农民那样想：工厂不是我的工厂，生产队的地不是我家的地，所以我犯不着劳心劳力，多问多做。

就是这样一种事不关己高高挂起懒散放任的心态，导致这些人应该思考的问题没有去思考，应该多想一层的事情没有去想、应该负起的责任也被忽略了。于是该问的话没有问，该核实的情况没有核实，该传达的消息没有传达，该做的事没有做，该关心的人没有关心……低级错误就这样出现了，事故就这样发生了，损失就这样产生了。

对 8.3 节分析的若干控制问题，也可从责任角度分析。认识不到失责后果的严重性，独立董事不独立，监事不作为，董事长、执行董事、总经理违反公司章程，甚至违纪违法，直到他们受到不同程度的惩罚，甚至整个企业都遭殃，例如三鹿乳业、德隆集团的情况。

君子爱财，取之有道。如果钱迷心窍，忘记了自己的基本责任，例如食品卫生责任、顾客健康(人身)安全责任、遵守金融法规的责任,甚至明知故犯,就像8.3节中的案例那样,故意不加控制、不作为,那么,这些没有责任心的人祸不远矣。

职位设计、权力委授须合理,责、权、利须相当。奖惩须分明、公正、及时。如果不及时,当事人可能会搞不清奖惩的事由,这时奖惩的效果就不好。

许多人在研究如何设计更完美有效的董事会制度和监事会制度,以及其他各种管理制度。但是再完美的规章制度,再先进的技术手段,如果碰到“猪一样的队友”——缺乏责任心的员工,一切都白费。反之,充分建立起责任心,哪怕不那么完美的规章制度也能发挥神奇的效应。

进一步说,责任原理是如此重要,以至可产生很广泛、很大的替代作用。仔细分析管理学家、管理实践者、经济学家等制定的诸多规定和方法,其实往往是为了解决责任问题,更准确地说,是不负责任的问题。

这些规定和方法多如牛毛,但有时仍不管用,因为被管理的对象(例如员工)仍然未负起责任。反过来讲,如果用思想政治工作或其他方法使大多数员工的责任感大大加强,那么,上述规定和方法中的许多都要“下岗”。负责任的员工已不需要那么多约束,正如3.4节第(3)部分中张瑞敏的观点所述。

上述观点并非只是乌托邦,现实社会中也有少量这样的实例。一些管理学教材介绍了美国和日本的个别企业就是这样的情况。作者摘录这些难能可贵的公司的一些特点:不打卡点卯;没有上下职级。当然,也有一些知名企业在员工管理方面相当宽松,员工有很大的自主权、决策权,非常自由却又高效。

上述这些公司有一个共同点:经营高效,效益很好。这说明他们的管理理念是可行并且正确的。

再深入一步分析,如果要发挥负责任的美德的功效,还需要员工具备较高的素养。素养是个很宽泛的词,包括很多方面,显然不能期望每位员工在许多方面都有较高的素养。那么,其中最关键的是什么呢?是一定的逻辑思维能力。思维应该是清晰的;逻辑不能混乱,例如搞得清楚前因后果;思路是开阔的,具有一定的发散思维能力甚至逆向思维能力。大多数员工如果有这样的智力水平配合一颗负责任的心,套用一句广告语——管理者们就“有福了”,许多管理的条条框框都不再重要。进而管理工作大大减少,管理成本大大降低,经营效率则大大提高。

3.6 效益原理

在企业管理中，效益原理是指通过加强管理，以尽量少的劳动消耗和资金占用，生产出尽可能多的、符合社会需要的产品，不断提高企业经济效益和社会效益。关于效益原理，有以下三个重要术语。

效果是指投入(的资金、人力等)经过转换而产出的有用成果。转换是指加工、组合等。效率指人们在单位时间内取得的效果的数量。效益指有效产出与其投入之间的比例。任何组织的管理都是为了获得某种效益，包括社会效益、经济效益。

如果说效果和效率更多地与传统的以产品为中心的管理观点相关的话，效益则更多地与以市场为中心或以客户为中心的管理观点相关。

3.6.1 效益评价

(1)首长评价。权威性强，全局性强，影响大，但可能不够细致具体。

(2)群众评价。较公正、客观——集体评价，大量数据的反映，但需要较多时间和费用——如果是大规模调研的话，可能缺乏全局性。

(3)专家评价。技术性强、细致、快捷。

(4)市场评价。成熟、规范的市场评价往往是公正客观的，但可能滞后，因为木已成舟。

3.6.2 效益追求

管理效益必然要通过经济效益和看得见的社会效益体现。正确的主体管理思想相当重要，它能引导人们做正确的事情。全局效益高于局部效益，应追求长期、稳定的高效益。管理是为了追求高效益，须确立管理活动的效益观。

第 4 章　管理的基本方法

管理方法是人们在管理活动中为实现管理目标、保证管理活动顺利进行而采取的工作方式。管理原理必须通过管理方法才能在管理实践中发挥作用。管理实践的发展促进了管理学研究的深化。

管理哲学是人们关于管理的世界观和方法论，是管理的主、客体之间矛盾的运动规律的科学。主体是实践活动和认识活动的承担者；客体是主体的实践活动和认识活动指向的对象。[①] 以前，员工也被作为管理客体，现在更多地被视作管理主体。

前面之所以用“矛盾”这个词，是因为管理客体（设备、业务、企业状态、工人等）常常不按管理主体希望的方式运行、行动或发展，出现了管理主体不希望看到的状态，即产生了矛盾，并且这些矛盾是在发展变化的，即运动着的。所以管理主体需要掌握这些运动的规律，并采用正确的管理方法和措施解决这些矛盾，纠正这些偏差。

管理方法分类如图 4－1 所示。

---

① 在语法领域，客体在一些情景中不能作为主语。例如论文和著作中经常出现的“本书研究了……”“本文认为……”是不恰当的，不要被不合理的人为规定束缚，在这些情景中就应该写“作者研究了……”等语句。研究的客观性不需要靠文字（例如不出现“我”，甚至不能出现“作者”字样）粉饰。

类似这样的错误把客体用作主语的情况还有很多。

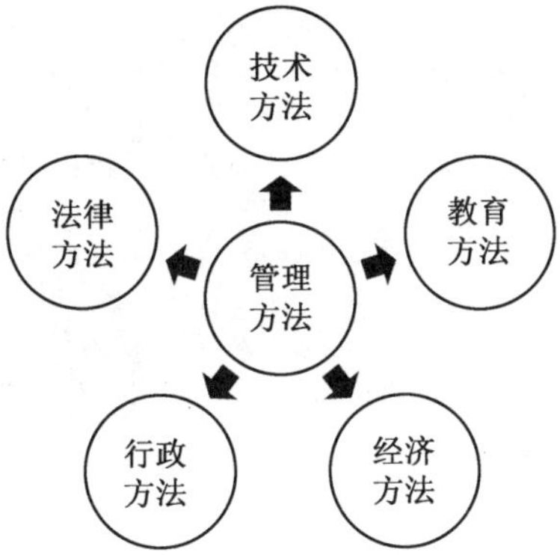

图 4—1　管理方法分类

4.1　管理的法律方法

4.1.1　法律方法的内容

运用法律规范和具有法律规范性质的各项行为规则管理。法律规范不仅包括立法机构制定的法律，还包括各种组织、团体（如行业协会）制定的类似法律性质的行为规范。法律方法比其他管理方法具有更强的权威性和强制性。

在企业管理中，人们使用法律方法时主要依据经济法规。与企业管理密切相关的法律、法规有《公司法》《劳动法》《会计法》《交易法》《破产法》《反垄断法》《环境保护法》等。

4.1.2　法律方法的特点

（1）严肃性。不因人而异。①

（2）规范性。用严格的语言阐明一定的含义。

（3）强制性。通过国家机器（警察、军队）和司法机构执行。

① 经济方法就比较灵活，可以因人而异，在组织里，工资、奖金的安排可能须配合以工资保密制度。

4.1.3 法律方法的作用

法律方法可以保证必要的管理秩序；调节管理因素之间的关系，如董事会和总经理之间的关系、股东和企业之间的关系、雇主和员工的关系、债权人和债务人之间的关系；将管理活动纳入规范化、制度化轨道。

4.1.4 正确运用法律方法

遵守法律是企业管理的基础和前提，企业应避免与法律法规相悖而造成不必要的损失。例如，浙江吉利集团的董事长李书福一开始创业时做的是冰箱零配件生产和销售业务，并且做得挺好，但由于他的企业未进入当时轻工业部生产电冰箱的定点企业名单，故属于违规经营。

李书福不得不放弃已经发展得较好的冰箱业务，转而投向汽车业务。他当初的损失是不小的。将企业转型，生产和销售汽车并不是一件想做就能做的事，李书福为了避免重蹈覆辙，先并购了一家摩托车生产企业，解决了生产资质方面的问题，然后再逐步进入汽车生产行业。

4.2 管理的行政方法

4.2.1 行政方法的内容和实质

行政方法是指依靠行政组织的权威，运用命令、规定、指示、条例等行政手段，按照行政系统和层次，以权威和服从为前提，直接指挥下属工作的管理方法。行政方法的实质是通过行政组织中的职务和职位管理。

4.2.2　行政方法的特点

4.2.2.1　行政方法的特点

(1)权威性。管理者如果采取的管理方法有严重问题，就可能失去管理职位赋予他们的权威。例如，乔布斯由于脾气暴躁、独断专行(也由于他当时追求极致产品的经营思路不被同事们认可，不适应市场，并产生了损失)，一度失去管理权威，失去领导职务，被迫离开他创建的苹果公司。

(2)强制性。行政方法要求成员服从组织目标，由行政措施保证执行，但成员在行动方面可采用多种方式。

(3)垂直性。行政方法要求组织纵向垂直管理。

(4)具体性。行政方法相对于法律方法而言更具体；采用法律方法多表现为用较宏观、概括、抽象的条文管理。

(5)无偿性。用行政方法管理，上级组织调动使用下级组织的人、财、物，可以不遵循等价交换原则，而根据行政管理需要进行。此点不仅可以解释微观层面的管理规则和现象，例如公司内部的管理和资源调度，也可以解释宏观层面的管理规则。例如党的十六大报告提出的我国国有资产管理体制是“国家所有，分级行使出资人职责”，而不是各地方行政区分级所有。我国的国资管理体制使国家在需要时能全盘优化配置资源，乃至实现举国体制的优势。

行政管理在原则上可以是无偿的，在实际操作方面应该有所照顾。例如公司管理者应考虑不定期向提供竞争情报的销售人员赠送礼品或给予奖励，对这些销售人员的额外工作和额外付出表示赞赏，由于他们提供了有价值的市场信息而向他们表示感谢。否则他们可能失去做好此项工作的积极性，采取敷衍了事的态度。

调用(子)企业/机构的资源时也应该这样。例如政府提倡在国有企业体系中共享资源，就应当对积极分享资源的(子)企业给予奖励，以增强它们提供共享资源的积极性。上文提到的“分级行使出资人职责”制度也是对地方行政区有效管理国有资产的积极性的鼓励。

4.2.2.2　行政方法的作用

行政方法是较简单的手段，又是最基本的手段，是实施其他管理方法的基本保障。其他管理方法常常需要借助行政方法实现，行政方法方便用于处理特殊问题，用于贯彻上级意图最有效。

4.2.2.3 正确运用行政方法

首先，管理者必须充分认识到，行政方法的本质是服务。在企业中，管理者须努力为下属创造良好的工作环境和工作氛围，给予充分的支持，提供有效的指导和帮助，变“指挥者”为“教练”。当前，在海尔集团体制中，管理者最重要的任务不是下达指标，而是按照自主经营体中一线员工的需求，帮助整合资源（参见 5.3.2 小节）。因此在政治体制中，须建设服务型政府。

其次，管理者的领导水平直接影响行政方法的管理效果。再次，信息在运用行政方法的过程中是至关重要的。最后，把行政方法和管理的其他方法特别是经济方法有机地结合起来。

4.3 管理的经济方法

4.3.1 经济方法的内容和实质

管理的经济方法是指按照客观经济规律的要求，运用经济手段进行的管理。与行政方法不同的是，经济方法不用强制手段，而是运用经济杠杆和价值工具处理国家、组织、个人之间的关系。例如，信贷政策中的信贷条件、额度就是一种经济杠杆，可调节需求方的购买力，进而调节供需状况。经济方法是利用人们对经济利益的追求而采取的物质刺激方法。经济方法的思想前提是，肯定人们追求物质利益的活动是合法的。劳动者的劳动兴趣取决于其利益可能实现的程度。图 4—2 展示了常用经济方法。

在图 4—2 所示的这些方法中，有的是政府用来管理企业的，即企业外部的管理；有的是企业管理者用来管理企业员工的，即企业内部的管理。

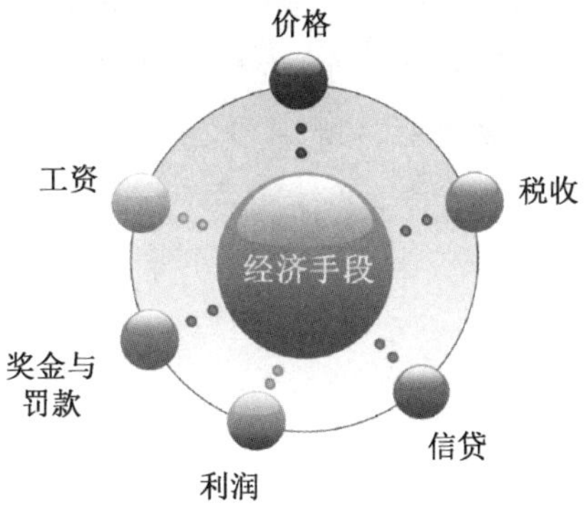

图 4—2　常用经济方法

4.3.2　正确运用经济方法

须结合经济方法与教育方法，否则易产生拜金主义。信奉拜金主义的人，会为了个人利益采取一些不恰当的对策和行动，不顾企业的整体利益和长远发展。例如销售部门鼓吹大打商品价格战；为了实现销售目标，给予客户大额回扣；同一个企业的销售人员之间的互相拆台行为；竞争企业在互联网上相互恶意攻击（例如 2010 年奇虎 360 和腾讯各自集合一些企业，展开“江湖上的派系大战”），竞争企业的员工在促销场地大打出手；一些高层管理者为了更多的分红而实施非常冒险甚至违规违法的经营行为——典型的例子是巴林银行、中航油新加坡公司、中储铜的违规经营大案。

即使对经济方法本身的使用，也要注意综合运用和不断完善各种经济方法。避免片面使用经济刺激方法，防止激励成本快速增加，防止激励因素因雨露均沾变为保健因素，以及防止出现其他消极效果。

［思考题］

某饮品公司的李总经理感到客服部

的工作不够主动，影响了全公司的业绩，于是采取了给客服部员工讲客服工作的重要性、给客服部员工多发奖金的措施，客服部的工作却还是老样子。李总经理继而任命了新的客服部经理，使客服部出现了新局面。

李总经理先后采用的管理方法是什么？[①]

① 教育方法、经济方法、行政方法。

第5章　组织结构

组织结构的形成既基于组织的历史渊源，也是为了适应和执行组织的战略规划，所以在一些情况下需要基于组织新战略的需要变革组织结构。

5.1　组织设计

组织设计的实质是对组织人员（包括普通员工和管理人员）的工作进行横向和纵向的分工。横向分工：在部门内分工，或在同级的部门间分工；纵向分工：在组织内的不同层级间分工。当前，人与机器（机器人、人工智能）的分工、人机分工界面、人机完成工作的份额（到21世纪20年代，机器完成的工作可能接近甚至超过50%），越来越受关注。而管理工作分工的必要性缘于管理者有限的有效管理幅度。

案例

艾森豪威尔刚刚担任哥伦比亚大学校长时，各部门领导接踵来访。当他得知这样的部门领导有63位时，对着副校长两手举过头顶，高喊道："我当盟军统帅时只接见三位将领，想不到我当一个大学校长，竟要接见63位负责人。他们谈的，我不大懂，（我）又说不到点子上，对学校实在没有好处。"

管理幅度是管理人员可以直接且有效指挥的下属人数，所以说，统领过千军万马的艾森豪威尔是诚实谦虚的。管理幅度决定了组织中的管理层次，继而决定了组织结构的基本形态。管理幅度的概念是普遍存在的，不仅存在于企业中，也存在于国家管理中。组织规模、管理幅度与管理层次的关系：一般而言，组织规模越大，则管理层次越多；在组织规模一定时，管理层数与幅度成反比。

5.1.1 组织的两种基本结构形态

5.1.1.1 扁平结构形态

扁平结构的特点是管理幅度宽，层次少。其优点有：信息传递速度快、失真少，高层管理人员可以尽快发现信息反映的问题，及时纠偏；有利于发挥下属的积极性，也符合现代人独立自主意识强的特点。其缺点是协调工作量大，管理人员难以详尽地指导和监督下属。

当代组织机构变革的一大趋势是组织结构扁平化(分销渠道结构也有扁平化趋势)。福特公司大幅度裁减管理人员，让工人负起责任——实现管理扁平化的一个基础，这样一个基层管理人员/一线管理人员就可有效管理更多工人。

通用电气集团前总裁韦尔奇把通用电气的员工数由 40 多万减少到 27 万，管理层级从 12 层压缩到 5 层，大大提高了该公司的运营效率和对市场的反应灵敏度。有学者认为，即使 10 万人的大公司，其管理层级也不应超过 6 层。两相对照表明，通用电气的扁平化程度是挺高的。图 5—1 是扁平结构的一个例子。

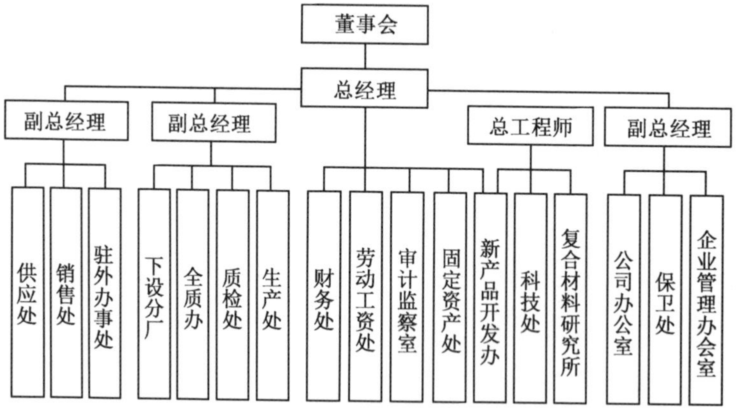

图 5—1 扁平结构的例子

5.1.1.2　锥形结构形态

锥形结构的特点是管理幅度窄，层次多。其优点是上司可详细指导下属。其缺点包括：因为层次多，信息传递速度慢，失真也厉害；下属难以发挥积极性——上级管得过多、过死，还往往使管理的控制工作复杂化。使控制工作复杂化的原因有：较多层级本身；应该适当使用无为而治思想时仍强力控制；越级控制，甚至对中层经理已处理好的事，高层经理再度过问。

层级过多会使企业的反应迟钝，包括对客户的抱怨感同身受的程度衰减。一线员工例如销售人员、售后服务人员，对客户的抱怨感受最强，往往也更有意愿为客户解决问题。可是他们申报有关售前、售中、售后事项后，在审批过程中，上级管理人员对客户困境的感受就不那么强烈了，另外，上级管理者与客户的感情可能也没有一线人员与客户的感情深。这会妨碍客户问题的快速、顺利解决。图 5—2 是锥形结构的一个例子。

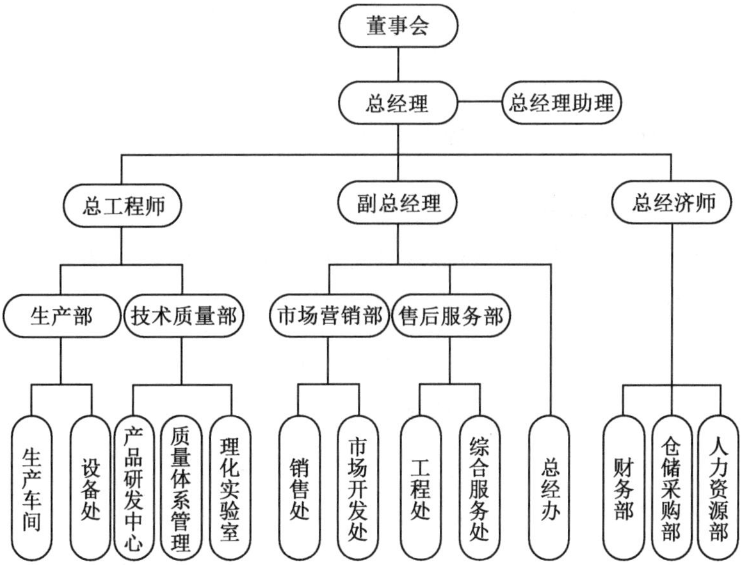

图 5—2　锥形结构的例子

5.1.1.3　关于管得过多、过死的问题

作者基于自身的观察和思考，对某些领导把下属管得过多、过死这一情况有这样的结论，即这些领导自身的能力和水平可能不高，于是热衷于管束下属，

并且常常管些鸡毛蒜皮的事。

例如李某原来是一个小销售部门的经理，其所在公司的市场部经理辞职后，此重要岗位空缺下来。由于李某是总经理招聘进来的，也算是总经理的亲信，总经理就把他安排到市场部经理的职位上。上述情况说明，就市场部经理这个职位而言，李某并不具有深厚实力。

在某种程度上，李某就是喜欢对下属管得较多的管理者。一个例子是，他多次就下属提交报告中的英文字体加以批评，要求下属一定要用“Arial”字体。公司的实际情况是，这些报告只是交给他看，并不需要再往上提交；公司及市场部在这类报告方面也从来没有规定的格式或模板。还有一点很重要，他虽然对手下的经理进行过多次批评，却从未告诉他们，为什么要统一使用“Arial”字体[①]。因此那些产品经理们私下就不服气：公司哪一条规定要求一定要用“Arial”字体？

用这个小例子意在说明，我们应当避免成为这样的管理者。高效的管理者首先是高效管理自己时间的人。

5.1.2 影响管理幅度的因素

影响管理幅度的因素主要有以下几个方面。

(1)所处的管理层次。层次低，幅度可宽。因为层级低时(例如车间级)，管理者及其下属的工作多属日常事务、例行事务，比较容易管。管理层级高时，管理者需要决策的事更多，工作难度大，因而可用于指导、协调下属的时间和精力就少，其管理幅度往往小于中、低层管理人员。

(2)上级或下级的领导能力。能力强，幅度可宽。

(3)工作条件。有助手，通信条件好，幅度可宽。

(4)计划的完善程度。计划明确详尽，幅度可宽。

(5)工作环境。稳定，变化小，幅度可宽。

(6)其他影响因素。下属员工的空间分布(包括微观层面的车间内分布等

① 例如李某可以对下属说：我需要把你们的报告汇总后写一份简报交给总经理，所以希望你们统一英文字体。这样下属就容易理解和执行。

或宏观的地域分布)散,难管理,则应使管理幅度小一些;下属工作的相似性弱,因而管理这些下属的工作量大,难度大,可使管理幅度小一些。

案例

假设一家公司有 4 096 个一线业务员,如果该公司的管理幅度均为 4,则需要 6 个管理层级、1 365 个管理人员。如果管理幅度均为 8,则只需要 4 个管理层级、585 个管理人员(见图 5—3)。

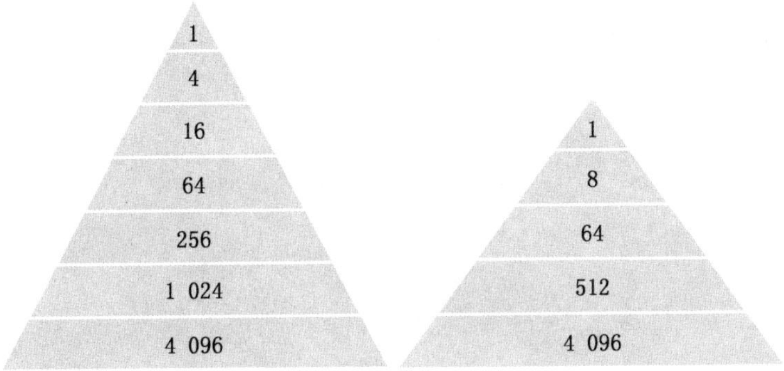

图 5—3　管理幅度、管理层级与管理人员数案例

5.1.3　组织设计的任务和原则

5.1.3.1　组织设计的任务

组织设计的任务是设计清晰的组织结构,规划和设计组织中各部门的职能和职权。组织设计的任务可概括为三个方面,即提供组织结构图,编制职务说明书和组织手册。

5.1.3.2　组织设计的原则

(1)因事设职与因人设职结合的原则。因事设职,使事事有人做;因人设职,使有能力的人做适合他们的工作。配备人员的主要原则是因事设职/因岗设人。但对优秀的人才、难得的人才可以特殊对待,可以为他们设立专门的职位以留住他们,发挥他们的才能。

(2)权责对等原则。管理者拥有的权力应当与其承担的责任匹配。落实权责对等原则除了要建立有效的监督机制，实行责任追究制度，还要合理授权以及正确选人、用人。

(3)命令统一原则。任何一个组织都只能由一个人负(总)责；下级组织只能接受一个上级的命令；下级只能向直接上级请示工作，不得越级，但可以越级上诉；上级不能越级指挥下级，但可以越级检查。但在矩阵式组织结构中，一个下级组织须接受两个上级(横向的项目负责人和纵向的部门负责人)的命令。

5.1.4 组织设计的影响因素

组织设计的影响因素包括以下几个方面，如图 5—4 所示。

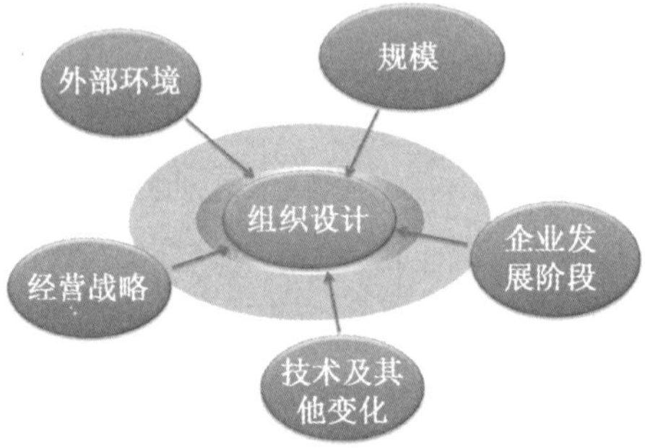

图 5—4 组织设计的影响因素

5.1.4.1 两个层次的外部环境

一般环境或宏观环境：一般环境对企业的日常经营没有直接影响，但对企业的任务环境会产生影响。一般环境包括政治法律环境、经济环境、社会文化环境、技术环境、自然环境。

任务环境或产业环境：任务环境是企业的运营环境，是对组织实现其目标有直接影响的那些外部因素，包括供应商、分销商、顾客、竞争者及其他利益相关者。

对处于不同环境中的组织，设计组织架构时应该有针对性。

5.1.4.2 企业发展阶段因素的影响

这里用组织发展的五阶段理论阐述企业发展阶段的因素。Thomas Cannon 指出，组织发展的不同阶段有不同的组织结构形式。

(1)创业阶段,组织结构不正规。

(2)职能阶段,组织结构建立在职能专业化基础上。

(3)分权阶段,在企业内建立分支企业,即成立总公司或母公司下辖的分公司或子公司。

分公司是与总公司对应的概念。分公司的特征:分公司没有自己的独立财产,其占有、使用的财产是总公司财产的一部分,被列入总公司的资产负债表中;分公司不独立承担民事责任;分公司没有董事会。设立分公司无须遵照公司设立程序,在办理简单的登记和营业手续后即可成立分公司。

子公司是与母公司对应的法律概念。子公司具有独立的法人资格,可以独立承担民事责任。子公司受母公司实际控制,实际控制是指母公司对子公司的一切重大事项拥有决定权,其中尤其重要的是能够决定子公司董事会的组成,母公司可以任命子公司董事会的多名董事。

(4)参谋激增阶段,为加强控制分支企业,总部高管增加许多参谋助手。

(5)再集权阶段,面对复杂的局面,公司高层再度集权。作为一家超大型的跨国公司,瑞士雀巢公司的总部面对庞大、复杂的企业架构和业务组合,采取集权式管理,公司的重大决策都由总部的几位高级经理讨论决定。又如,华为在其发展、壮大的过程中也经历了集权、分权、再集权的组织结构或管理模式的变化。

5.2　企业组织结构的基本种类

企业的组织结构是指管理者为实现企业目标,划分企业员工的职务范围、责任、权力等方面而形成的结构体系,实质是企业全体员工的分工协作关系。

5.2.1　直线职能制

直线职能制(Unity Form)是指按职能划分部门,高门。这种职能适用于中小型企业。具体如图 5—5 所示。

只有各级行政负责人方有对下级指挥和下达命令的权力;职能机构(如图 5—5 中的质监组)只作为参谋

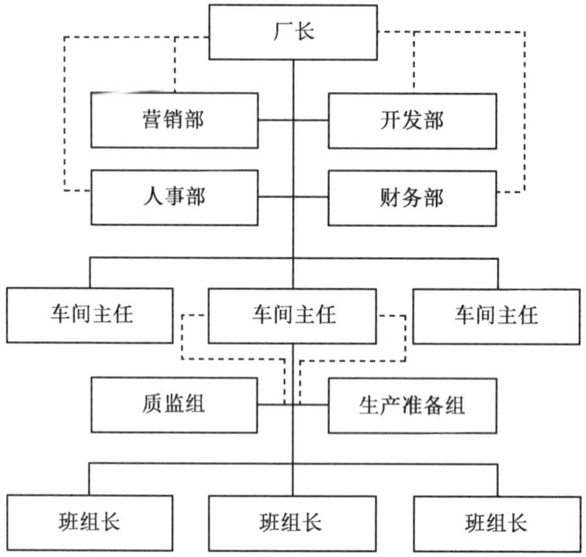

图 5—5　直线职能制组织结构的例子

发挥作用，对下级机构只有业务指导权力。虚线表示反馈链。

直线职能制组织结构的优点：分工严密，职责明确；对各部门实行专业分工，工作效率高；既保证组织的统一指挥（高层领导直接分管各部门，并且是单线领导），又加强了专业化管理。

直线职能制组织结构的不足：高层领导易陷于日常事务；高度集权，不利于发挥中层的积极性；各部门易产生本位思想，高层领导难以协调各部门；因为中层管理者总是局限于其部门的业务和专业范围，这不利于培养具有全面能力的人才，也不利于培养企业的未来掌舵人。

5.2.2　多事业部制

多事业部制（Multi-Divisional Form）是指按产品或地域划分部门，各部门实行分权管理，自计盈亏，独立核算；但不能自负盈亏，只能由总公司对其统负盈亏，如果某个部门的债务巨大的话（超过其占用的资产），其债务清偿责任将扩展到整个公司的资产范围——体现了授权不授责。

事业部不具有法人地位，本身也没有独立的资产（像分公司一样，这也是事业部不能自负盈亏的原因之一），只能以总公司的名义并在总公司的委托下开展业务经营活动。与分公司相比，其独立性更弱，地位更低。多事业部制结构主要被用于规模大、技术复杂、产品种类多和所在市场变化较快的企业。总公司管不过来，让各事业部自己决策、执行，独立、快速、有效应对业务问题。

5.2.2.1　事业部制的产生背景

1921 年，为了解决产品多样化、产品设计、信息传递和协调各部门决策的问题，通用汽车公司副总裁斯隆（Sloan）提出事业部制。他把该公司按产品分成雪佛兰、别克等 21 个事业部，分属四位副总裁领导。公司总部集中制定方针、政策、总体战略，控制财务，决定重要项目的事项，决定重要人事任命；事业部分散执行、管理，其他具体事务也由各事业部负责。

让各个事业部的管理人员基本享有针对各细分市场的经营决策自主权，发挥积极性和创造性，公司总部不再插手其日常事务。公司总部主要执行战略决策、计划协调、监督等职能，并负责研发、资金、法律等问题。这种组织结构的改革为通用创造了竞争优势。

5.2.2.2　多事业部制组织结构图例

多事业部制组织结构，如图 5－6 和图 5－7 所示。

图 5－6 显示：多种经营的专业化管理和公司总部的集中统一领导相结合；总公司和事业部之间的责、权、利的划分比较明确。此处，总经理的管理幅度较大。

图 5－7 显示：各事业部的下属部门重复，与总公司的下属职能部门也重复了。尽管有些部门的重复存在是必须的，但其中必定有资源浪费的情况。实际上图 5－6 中的情况也类似。

5.2.2.3　多事业部制组织结构的优点

（1）多元化与专业化结合。企业（的各个事业部）生产不同的产品或提供不同的服务，或者开展不同的项目，但在每个事业部内，其成员专注于某一种产品

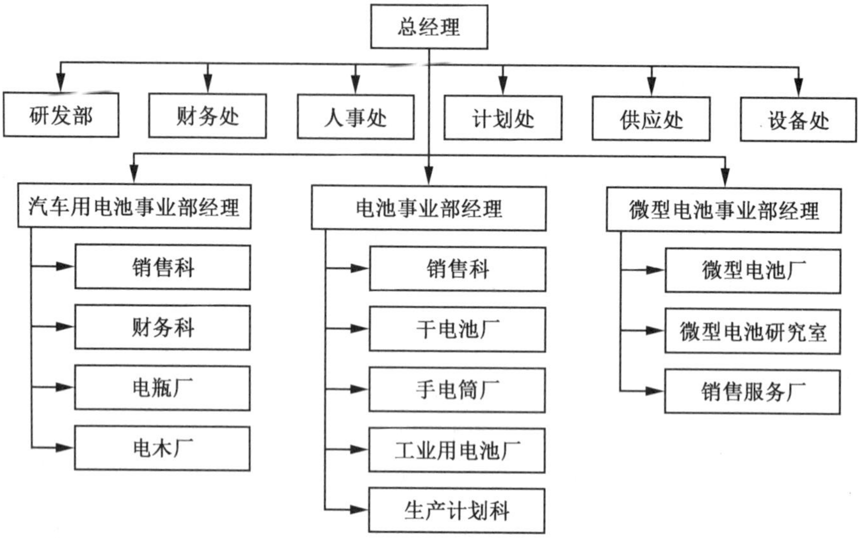

图 5—6　事业部制组织结构的例子(按产品划分)

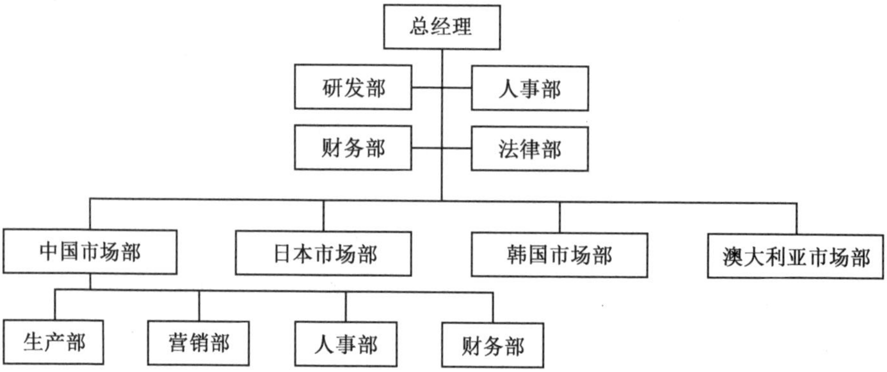

图 5—7　事业部制组织结构的例子(按地区划分)

的生产,或集中提供某一种服务。

(2)有利于高层管理者摆脱日常事务,有利于发挥部门的积极性。

(3)有利于培养具有全面能力的管理人才。一个事业部类似一个企业,各事业部相对自主、独立地开展经营活动,所以有利于培养具有全面能力的管理人才。

(4)有利于分清各产品或区域对企业的贡献。

(5)事业部制对大企业的并购战略而言是一个很好的组织结构——把被并购企业(新业务)与已有事业部并行安排即可。

5.2.2.4　多事业部制组织结构的缺点

(1)易产生本位主义,导致事业部之间的协调不够好,或者说不容易协调各事业部。

(2)可能造成管理机构重叠,管理费用增加。图 5－6 和 5－7 已经显示了这一点。上下级单位的一些岗位重叠,平级单位的一些岗位重复设置。可以说,采用事业部制是使用大量甚至冗余的资源,从而达到较高的绩效。

随着欧洲公司的多元化进展,事业部制也从美国传到欧洲。20 世纪 90 年代早期,英国 90%的大工业公司采用了事业部制,法国和德国 2/3 以上的企业也是如此(Mayer,Whittington,1999)。

5.2.3　子公司型或控股公司型

子公司型或控股[①]公司型(Holding Company Form)比事业部制更彻底地分权,是真正的分权(分公司、事业部是被授权),子公司自负盈亏;子公司具有独立的法人地位;子公司与母公司的关系不是行政隶属关系(分公司与总公司的关系是行政隶属关系),而是资本联结关系。母公司可通过资本控制权影响子公司的经营、管理,包括子公司的董事人选。子公司型组织结构适用于大型集团公司和跨国公司。

控股公司的优点:

(1)具有控股地位的股东们可以其较少的资本运作公司的较多资产,集约形成规模经济与范围经济需要的资金。IBM 等公司的(财团)大股东们更是以四两拨千斤(其绝对股权比例很小,但相对于绝大多数股东,其股权比例很大)的方式控制和运作 IBM 的资本。我国当前的混合所有制改革有助于使国有资

---

① 指集团公司对该公司控股。

本获得这种能力,使其对国民经济有更大的影响力。

(2)子公司作为独立的法人实体,具有较高的自主性和经营积极性。

(3)投资、控股其他公司的股东们比较容易退出某产业——通过出售股权或股票。而独资企业往往须以并购的方式,即出售企业的方式,退出某产业,这种退出比前者复杂、难度大。另一方面,如果采用投资、控股其他公司的方式,新股东们也比较容易进入某产业,否则要新建企业或并购其他企业——一般而言,难度大,成本高。

原外交学院院长、驻法国大使吴建民建议:我国企业在实施国际化战略时,多采用参股方式,这样做的风险小,成本少,易实现;与东道国的企业有钱一起赚,有风险共承担,且不容易引起东道国的猜疑和抵制。也即要买进,不要买断,与东道国企业共进退。

(4)子公司彼此独立,分散集团公司的经营风险。控股公司形式的缺点:容易导致官僚化的管理模式;由于控股公司(指投资他人、控制他人的公司)与各子公司都是独立的,因此需要各自申报纳税,存在双重纳税的可能。

5.2.4 多事业部制结构和直线职能制结构的新演变

5.2.4.1 超事业部

在总公司和事业部间增设一个管理层次,对相关性较高的几个事业部统一管理。这个层次即超事业部层次,该层次中有若干个超事业部,一个超事业部管理几个相关性较高的事业部。适用于超大型跨国公司,如美国通用电气公司。

5.2.4.2 模拟事业部制

在企业内部模拟事业部制的独立核算。适用于某些规模很大,不宜采用直线职能制结构(该结构适用于中小企业),但其生产连续性很强,又不能采用真正的多事业部制结构(采用该结构将隔断生产流程的连续性)的企业,如钢铁、化工、水泥、造纸等企业。模拟独立核算的意义是增强部门的责任感,并能更有效地考核这些部门,提高这些部门的生产效率和效益。

5.2.4.3　矩阵结构

矩阵结构是在直线职能制结构的基础上结合横向管理的组织结构。结构中的人员既受某职能部门的管理者领导,又受某项目小组或团队的管理者领导。职能部门进行纵向管理,矩阵结构中的人员与职能部门有行政隶属关系,因为他们来自某职能部门;项目小组进行横向管理,矩阵结构中的员工与项目小组有项目合作关系——他们参与了某项目。

关于矩阵结构中员工工资、奖金的分配方案,可以采取如下方式:职能部门发放基础工资及少量的绩效工资;项目团队发放主要的绩效工资/奖金(见图 5—8)。

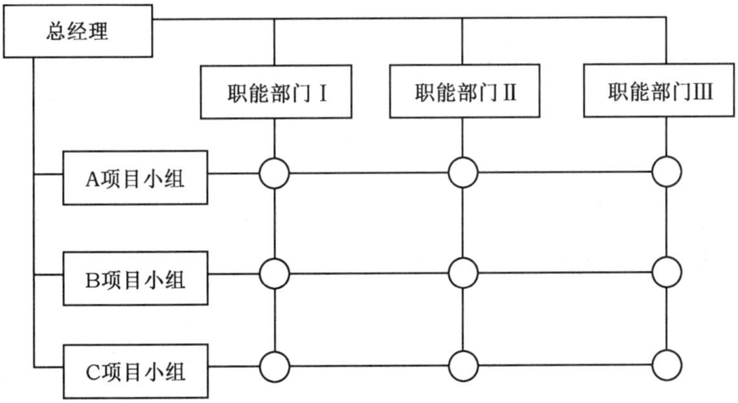

图 5—8　矩阵型组织结构的例子

道康宁(Dow Corning)公司和 IBM 公司还是具有立体矩阵结构形式的组织。多维立体型组织结构是由美国道康宁化学工业公司于 1967 年首创的,它是矩阵型和事业部制组织形式的综合发展,又称为多维组织,构建产品利润中心(相当于图 5—8 中的项目小组)、地区利润中心(按地区划分的事业部)和专业成本中心(相当于职能部门)这三个维度的立体结构。

还可构建更多维度的立体结构。多维组织的结构虽然比较复杂,但未改变其矩阵结构(二维结构)的基本特征,事业部制、各部门配合等维度或效用被“投射”到二维结构上(见图 5—9)。

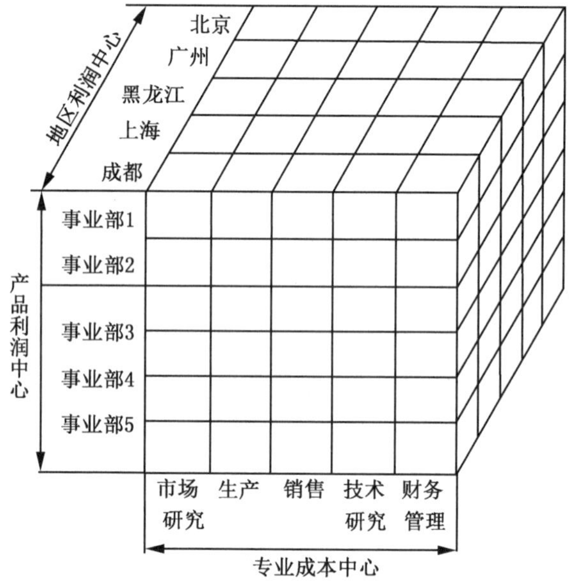

图 5—9 多维立体型组织结构的示例

在多维立体型组织结构中,事业部经理不能单独对产品的开发和产销做出决策,任何重大决策都须由产品事业委员会做出。产品事业委员会由产品事业部、专业参谋机构(类似职能部门的位置)和地区部门的代表共同组成,负责指导各类产品的产销活动。这种组织结构有利于协调上述三类部门,有助于它们互通信息,集思广益,共同决策。

矩阵组织结构的优点:

(1)可以调动资源,项目组可横向调动各职能部门的资源。由于共享使用,与事业部制相比资源利用率更高。

(2)由于团队是机动组合的(包括可以在不需要的时候解散),因而组织的灵活性和应变能力强。

(3)可以加强职能部门的业务联系。有利于培养员工的合作精神和全局观念;各职能部门人员不定期的组合有利于交流知识和意见,有利于学习和创新。

矩阵组织结构的不足：由于工作地点或岗位不固定，员工易产生临时观念，归属感不强，易出现短视行为；双重领导会导致指令不一致。

矩阵组织结构适用于新产品开发、大型工程项目等，也适合外部市场变化较快、环境要求企业有较强适应能力的情况。

5.3　其他组织结构

5.3.1　虚拟组织与网络组织

虚拟企业是若干独立的企业为快速响应变化的市场，借助先进的网络、信息技术建立的企业战略联盟。虚拟企业不具有企业的实体，但具有企业的开发、生产、销售等功能。虚拟企业的实质是"可以租借，何必拥有"，即在企业内部资源有限的情况下借助外部资源整合、弥补，以增强企业的竞争力。

案例

有一家英国公司是由两个人组成的，它却能够做到每年在全球销售几千辆定制的高技术折叠自行车。这家公司聘请美国一家著名的自行车公司为其设计、开发新产品；由中国大陆和中国台湾的厂商提供零部件在中国台湾生产；分销也被外包。

案例

1994年，美特斯·邦威起家于温州的一个加工厂，由于缺乏资金，外包是其迅速扩张的捷径之一。1995年，当很多服装企业还在比设备先进性和厂房大小时，美特斯·邦威却把原有的工厂卖掉。其董事长周成建提出了以创新求发展、借助外厂力量求发展的思路。

美特斯·邦威陆续把上游的制衣业务外包给200多家工厂，在全国市场中，有1 200多个专卖店和代理商销售其服装。美特斯·邦威非常明白自身的核心定位——服装品牌运营商，而不是制造商、经销商或零售商。

（资料来源：时尚饰界，http://www.51fashion.com.cn.）

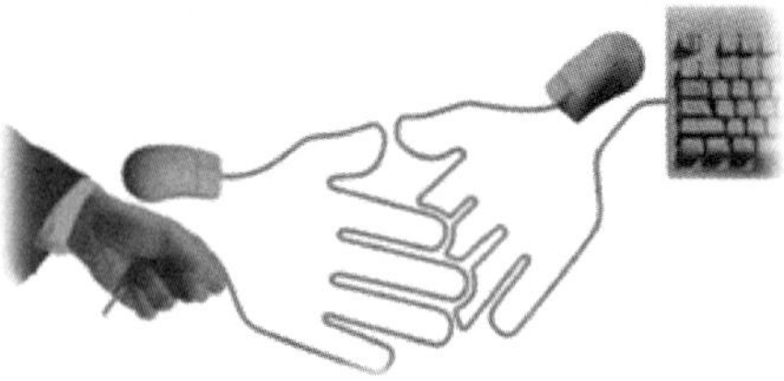

虚拟组织不是经纪人(经纪人负责接业务),不是中间商(中间商负责分销),而是业务整合者。少量核心的全职员工整合、运营整个虚拟组织。企业的辅助单位、生产制造部门、研发部门、营销部门等,都可以考虑通过某种契约的方式进行其外部化。

虚拟组织的特点:卓越性,成员(企业)均具有核心竞争力;成员关系是非制式的(非制度化的),是联盟、协议关系,是变动的;强调信息技术,成员的结合与运作高度依赖信息网络;相互依赖,成员以价值链的整体利益为目标,互补不足;很难定义企业的边界。

网络组织是组织成员间有强弱不等的、像网络般的各种联系纽带的组织,它比市场组织稳定,比层级组织灵活,是介于市场组织和层级组织之间的组织形式。网络组织与虚拟组织的概念有较多重叠之处。

案例

美国戴尔(Dell)公司采用网络组织形式,戴尔只进行核心部件生产、整机组装、营销等具有核心价值与核心竞争力的活动,把其他经营活动外包给遍布全球的供应商。

缺乏面对面交流是网络组织一个主要缺点,人员之间关系淡薄,各人更倾向于为自己的利益而工作。员工忠诚感淡薄,员工之间以及员工与组织之间的责任感较弱,他们感到自己很可能会被别人取代。

下一小节中海尔集团的创业生态系统也是一种网络组织,但它不一定有上面的缺点。例如海尔集团内部的小微(团队)仍有传统形式的、密切的联系,而集团外部的创客们并不一定要与其他小微(团队)捆绑——在这样一个创业生态系统中,本来就是双向选择,择优合作。

5.3.2　海尔的微商、创业平台与战略经营体

海尔总裁张瑞敏发现：企业的规模越大，渠道越长，则企业与用户的距离越远。为了克服上述弊端，走出家电企业普遍面临的低利润困境，张瑞敏在海尔推行了一场自我颠覆式的变革。

传统生产企业按生产流程设置组织架构，例如采购部、生产部、市场部，并形成金字塔形的组织架构。而如今，海尔内部只有三类组织——一线经营体（微商/小微）、平台经营体与战略经营体，它们构成扁平的三级架构，而且还是一个倒金字塔形的自主经营体网络。所谓“倒”，是与海尔集团过去的内部合作关系相比，发生了颠倒变化。例如，海尔以用户为中心，而不再以公司领导为中心。

海尔集团把 8 万多名员工组成 2 200 多个自主经营体，原来的事业部制不复存在，并且打破了传统的层级结构，全员面向市场。一线经营体直接面对用户、面对市场，他们只需缴足公司利润，弥补自己的经营费用，剩余的超额利润可在其内部分配。一线经营体又分成市场经营体、型号经营体和线体经营体三类。配合内部的风险投资机制，海尔甚至鼓励员工到本公司外组织人员成立小微（团队）。

平台经营体为一线经营体提供资源和专业的服务支持。战略经营体负责制定战略方向和发现新市场机会，为经营体配置资源，帮助一线和平台经营体实现目标。

海尔内部的这些虚拟公司在经营不善时，会被同级（同类）经营体兼并重组，海尔内部是市场化运作。自主经营体的数量和单个经营体内的成员（创客）构成并非一成不变，而是根据市场需求和变化不断调整。[①]

案例

海尔的免清洗小微

海尔的一位顾客嫌弃洗衣机内桶太脏，希望能买到免清洗洗衣机，她的想

---

① 郭占元. 管理学理论与应用(第三版)[M]. 北京：清华大学出版社，2017.

法在用户群里得到五六万个用户的响应(市场需求潜力)。通过大量的网络交互和网络设计大赛,海尔从800多个解决方案中选出10个。然后在海尔洗衣机平台上的竞争中,孙传滨竞标成功,成为免清洗洗衣机项目的"小微主",全权负责其研发、生产和销售。

以前,孙传滨被海尔雇用并获得薪酬;如今,他与海尔的关系是动态合伙人,海尔把经营权、用人权和分配权交由小微。作为回报,小微开发出新产品后,海尔拥有一定股份。

海尔的免清洗小微有四个创客,他们形成产品方案后,一人与设计小微联系研发,一人与线体小微联系生产,一人与营销小微联系线上、线下销售。他们是原来洗衣机厂的不同部门,现在组成了一个个独立核算的实体,自组织、自管理、自创业。员工们转变为创业者,也面临着转型的痛苦。他们原来由企业付薪、培训成强有力的执行者,而现在企业更需要他们具备创业能力。①

20世纪90年代,打破国企铁饭碗的改革是社会层面的宏观改革,面临失去政府的包办、托底,国企员工曾惶惶不可终日,不想离开政府的庇佑。很多国企最终挺过来了,到21世纪最初10年已获得长足发展,年轻人以进入一些国企上班为荣,跻身世界500强的国企也越来越多。

而海尔的上述组织结构、经营模式改革则是企业内部微观层面的改革,打破的是每个员工的铁饭碗。每位员工都直面市场,也直面市场的风险,海尔不再像以前那样根据职务和等级发放薪酬。如果一直挣不到钱,小微团队将被解散。

孙传滨的小微是幸运的。2014年6月底,这款与用户交互研发的产品上市,半年的销售量就达20万台,销售额7亿元。这个业绩是非常了不起的。孙传滨的小微企业也获得了超利分享薪酬。

海尔通过与用户交互,创造出雷神游戏本、无油压缩机冰箱、智能烤箱等一系列全新产品。截至2015年7月,海尔共建立起21个创业平台、200多个小微。77%小微的年销售额过亿元,而每个小微团队的核心成员只有七、八人。②

在传统制造企业向互联网化转型的艰难过程中,海尔集团做出了勇敢的、有益的尝试,建立起一个全新的网络组织结构,获得了更高的经营效率。海尔

①② 杨建英,张亮明.市场营销学(第四版)[M].南京:南京大学出版社,2018.

的网络组织或被称为创业生态系统，已经取得了巨大进展，尽管它仍需要进一步的完善。

案例

没有组织与头衔的公司——反传统的管理

一家公司，包括老板在内共13人，在创业的37年中历经石油危机、汇率震荡、互联网泡沫破灭等逆境，每年依然能保持超过35%的毛利率，并且成功上市，其创始人还获得日本国家企业家奖。它就是在日本极具名气的A-one精密。A-one精密创建于1970年，创始人梅原胜彦，主要生产超硬弹簧夹头，拥有1.3万家国外用户。

因为人少，所以A-one精密一年开会的时间不超过30分钟，很多交流都是在现场站着进行。对当天下午3点钟前接受的订货，甚至可以100%做到当天完成并配送。A-one精密从接受订单到工厂开始作业，间隔不到5分钟，中间过程并非依靠计算机系统，而是依靠手写的传真。

因为员工少，品类少，所以其生产过程不必经过大企业必需的生产排期、物料管理、交货期管理等流程。几个人打个电话，或者拿着传真跑一圈，几分钟内就开始生产。A-one精密甚至省略了质检步骤，梅原胜彦的理论是：只要认真通过每道工序，产出的就只会是高质量的产品。①

员工终身雇用，不需要打卡，还可以分享公司盈利。A-one精密没有组织和头衔（这些会形成高人一等或低人一等的感觉），因为“大家都清楚彼此的能力水平”。在A-one精密，工作方面的责任由公司承担，员工个人不需要担负，否则以后就没有人敢挑战困难的工作，公司就会失去活力。②

此案例说明，管理者可以根据实际情况采取变通、适合的管理方法，同样可以取得良好效果，甚至是预料不到的奇佳效果。

---

① 就像学生考试时一样，只要心态平和，认真答题，复查几乎是多余的。老师阅卷也是这样的情况，阅卷时心无旁骛，认真批阅，就不用复查批阅结果——这是作者在四年教学经历中的体会，从未出错。

② 单凤儒，金彦龙．管理学——互联网思维与价值链视角[M]．北京：高等教育出版社，2015．

5.4 集权与分权

权力是一种影响力，是管理者影响他人行为的能力。权力有以下几种形式。

(1)制度权。管理系统授予某职位的权力，实质是决策权。制度权只与职位有关。

(2)个人影响权。因个人的品质、社会背景等而得到他人的尊重和服从。例如刘备的仁义在东汉末期格外令人尊敬，刘备皇室后裔的身份也令人尊敬，所以尽管起初他兵少将寡，官衔不高(没有很大的制度权)，但他却有很强的号召力和很大的影响力。

(3)专长权。人们由于具备某种专门的知识、技能而产生的影响能力。

寓言

一只山羊爬到一幢农舍的屋顶上，这时，下面有只狼走过。山羊认为自己处在高位，狼也拿它没办法，便骂道："你这傻狼、笨狼!"狼停下来说："你这胆小鬼，骂我的并不是你，而是你现在所处的位置。"①

集权是指把决策权集中在组织的高层；分权是指把决策权分散到组织的中、下层。通用汽车公司就经历了分权(在通用集团初期，总部未较好整合并购的公司，形成了"诸侯国"，不听总部指挥，形同一盘散沙)→集权(高度集权，产生不少问题，走向另一个极端。例如其总裁杜兰特强行推动风冷发动机的普遍应用，以失败告终)→再分权(采取多事业部制)的过程。

案例

分而不乱的摩托罗拉公司

摩托罗拉公司是一个营业额近百亿美元的美国大公司，是由通信器材和半

---

① 参见 11.4.5 小节中的第(3)项内容。

导体两个产品体系构成的企业集团，集团下面又分成很多部门。在这样一个庞大的企业集团组织中，从高层主管到生产线，权力全部分散，因而只有一个不足30人的高管组成的总部统率整个公司。然而整个公司的运转井然有序，工作效率非常高。

摩托罗拉公司总部的情况和雀巢总部的情况类似，所以我们也可以从另一个角度讲，摩托罗拉又是很集权的——高层决策权集中于总部少量高管手中。对雀巢的分析可采用类似的方法，只是视角不同，例如我们可认为雀巢的子公司层面以下（含子公司）的分权程度是相当高的，否则总部的少量高管如何能有效决策，管理好诸多子公司呢？

5.4.1　集权与分权倾向

集权与分权倾向，如图 5－10 所示。

趋向于更集权化	趋向于更分权化
环境稳定 低层管理者欠缺决策能力或经验 低层管理者不愿介入决策 决策的影响大 组织面临危机 企业规模大	环境复杂且不确定 低层管理者拥有决策能力和经验 低层管理者想参与决策 决策的影响相对较小 公司各部在地域上相当分散 企业战略的有效执行依赖低层管理者的参与以及制定策略的灵活性

图 5－10　确定集权倾向与分权倾向

在导致组织趋向于更集权化的若干因素中，决策影响大时，为防止低层管理者由于经验、能力不足，做出错误决策，并造成重大影响，因而趋向更集权。组织面临危机时，有时间紧迫性，不宜分散讨论、分权行动，需要统一指挥，一致行动，整合整个组织的资源和力量，所以趋向更集权。

在导致组织趋向于更分权化的若干因素中，环境复杂且不确定时，为了让一线人员决策更有效，更少犯错，所以趋向更加分权。公司各部相当分散时，较难统一指挥，较难对它们推行统一的决策或战略，所以趋向更加分权。

当前，就信息掌握而言，组织的基层员工已经可以与高层平起平坐了，因此决策权有逐渐从高层向低层转移的趋势。

5.4.2 集权产生的原因

集权产生的原因主要有以下几点。

(1)组织的历史原因。小企业一般是集权的，老板集大权于一身。这些小企业由小发展到大，领导人不变，集权成为习惯。

(2)领导人的个性。个性和自信心强的领导的集权倾向明显。

(3)企业兼并。由兼并而形成的企业，其内部的分权要求强烈，企业领导反而加速集权，企业领导不希望兼并来的企业有太大的权力。

5.4.3 集权对组织的积极意义

集权对组织的积极意义主要有以下几点。

(1)可以保证政令统一。(2)可以保证执行决策的速度。(3)整个组织的指挥统一，行动一致。(4)无须各部门协商一致，总部直接且容易把决策往下层机构推行。

5.4.4 过度集权的弊端

过度集权的弊端主要有以下几点：

(1)会降低决策质量。适合分权时不分权，会降低决策质量。大型组织的主管远离基层，让他们对基层的问题做决策，可能降低此类决策的正确性和及时性。

(2)会挫伤下层人员的工作积极性。

(3)会降低组织对环境的适应能力。高层领导不可能了解企业运营的方方面面，尤其第一线的工作情况，不可能了解经营环境各方面的状况。过度集权的组织可能使其各部门失去自适应和自我调整的能力，进而削弱该组织的整体应变能力。因此华为公司和宝钢集团都提出“让听得见炮声的人做决策”

的口号。

(4)过度集权还可能孕育腐败。

5.4.5　分权途径

分权途径主要有两种：

(1)制度分权，把权力分到某个职位。(2)领导授权，把权力授予某下属。

制度分权与领导授权的区别。

(1)制度分权较稳定，是长期的。领导授权可能是长期的，也可能是临时的，权力可收回，这往往与管理者的能力、精力以及下属的特长、业务发展情况相关。

(2)制度分权是组织设计中的分工，领导授权是一种领导艺术，是一种调动下属的积极性、充分发挥下属作用的方法。

(3)制度分权时，权力下放，责任也下放，下属须承担责任。领导授权时，权力下授，责任不能下授，授权的领导须承担责任。另外，领导最好不越级授权。

案例

宰相关心的事

一位宰相外出巡视，遇到一宗杀人案，同时还看见一头牛在路旁喘气，他不理会前者而去查看牛喘气。随从困惑不解，宰相解释说：杀人案自有地方官吏管辖，而牛异常喘气之事，地方官吏可能不大注意。然而牛异常喘气可能与牛瘟或其他民生疾苦有关，必须查看清楚。这位宰相对地方官流程内的事不做无谓干预。

案例

一位封建官吏的权力、责任观

春秋时晋国有一个叫李离的狱官，他在审理一件案子时，由于偏听了下属的一面之词，致使犯罪嫌疑人冤死。真相大白后，李离准备以死赎罪。晋文公说：官有贵贱，罚有轻重，况且这件案子主要错在下面的办事人员。李离回答说：我平常没有跟下面的人说我们一起当这个官，拿的俸禄也没有与下面的人一起分享。现在犯了错误，如果把责任推到下面的办事人员身上，我又如何做得出？

他没有听从晋文公的劝说，伏剑而死。①

5.4.6 常见的不当分权

国内不少民营企业主常常采用分而治之的做法，把原本属于总经理（由职业经理人担任）职权范围内的一个或几个部门（如财务部、人力资源部、业务部）划分出去，或自己掌管，或交由亲信掌管。以分散职业经理人的权力，从而达到“充分驾驭全局”的目的。这样做的结果很可能是，总经理不能作全局规划、统御全局，企业主和他/她的亲信们也未能管好相关部门。

上述人员及其他一些重量级股东（持股比例超过10%，对公司的重大决策拥有较大发言权和影响力的股东，可能是董事）担任部门要职，导致总经理无法有效监管他们，使他们长期处于无人监督的状态。而这些下级凭借其身份，反而干涉总经理的工作。不能指望担任要职的（重量级）股东像一般的员工那样谦恭、本分，他们的身份往往自然而然形成强大的“股东磁场”②。这就是为什么不少企业规定（重量级）股东不得在本企业担任重要行政职务（监事职务除外）的原因。

5.4.7 授权的主要误区

上文讲过授权是一种领导艺术，因此授权常常因人（授权者与被授权者）而异，我们要注意避免授权的一些误区，如下文案例所述。把不愿做的事推给别人做，可责任是推卸不掉的。授权者与被授权者相互无承诺，导致信任感缺失；授权者不肯放手资源调配“大权”，导致被授权者缺乏完成任务的基础条件和手

① 程华．现代企业管理学(第三版)[M]．北京：高等教育出版社，2018．

② 李华刚．领导的细节——中国企业管理者手册[M]．北京：中华工商联合出版社，2018．

段，也无积极性；任务完成的结果缺乏可靠性和可衡量性。授权者不对授权事项的执行跟踪、控制。

有些事情不宜授权：机密事宜，制定政策，处理危机，上司要求我们亲自做的事……

案例

企业环保部部长的责任

林某被任命为某公司环保部部长，全面负责公司的环保事务。某月的 2 日，林某的母亲去世，他把工作交代给他信得过的一位下属临时负责，匆忙回家奔丧。5 日这天，因工作人员误操作，设备出现故障，大量未经处理的污水排入公司附近的湖泊，当地媒体立即予以报道。林某得知消息后赶回公司，奋战一昼夜排除了故障，但湖泊景区的怪味还是多日未消，还出现了大批死鱼，影响严重。

政府有关部门给予该公司严厉处罚，公司董事会也对有关人员做出相应处理。事发时不在现场、事后能积极处理事故的公司环保部部长林某受到行政撤职的严厉处分。

案例

某公司总经理安排其助手洽谈一项重要的工程项目合同，由于该助手的工作欠周全，致使合同最终被另一家公司抢走。该总经理至少应承担用人不当与督促检查失职的责任。

案例

东汉刘孙曹三位霸主的分权与授权做法

相对于曹魏和孙吴，蜀汉集团像股份制企业，刘、关、张是“创始人”(所以相互很尊重，惺惺相惜，有难得的、和谐的股东关系)。盼星星、盼月亮盼来的“职业经理人”诸葛亮则是“首席执行官”。军师的权力很大，地位很高——升帐时，创始“股东”关、张也得侍立帅案前；“董事长”刘备也只能在帅案旁边，而且是孔明的右手边，搭一小案，或者只能有一只凳子坐坐。这种“所有权”和“经营权”

相对分离的体制，使诸葛亮能够放开手脚施展自己的才华，蜀汉集团也迅速从弱小走向强大。

整体而言，蜀汉采用的是分权制度（君臣分权），军师的职位是固定的，军权也固定在军师手中，而且由于孔明的天才特点，行政权也由其掌握。乃至孔明去世后，蜀汉依旧沿袭这一分权制度——蒋琬、费祎相继掌管军政大权（只是不如孔明那样集中），他们死后，军权集中到姜维（时任大将军）手中。

蜀汉采用分权制度，而且分权的程度很大，有其人和的基础，这几位大臣，谁不是忠心耿耿？也不是说曹魏、孙吴的大臣就没有蜀汉的忠心，只是蜀汉的这一情况比较突出。所以人们一般说，曹操占天时，孙权占地利，而刘备占人和。

孙吴和曹魏使用的是授权方法，常常战前拜一位大都督，战后收回军权，下一任大都督是谁，不得而知。周瑜的大都督之位比较固定——他的资历在那里，但孙权对其也有猜忌。曹操更是身兼“董事长”和“总经理”，主要原因是：一方面他太有才干了，能者多劳，别人做，他不放心；另一方面，他毕竟不是皇帝，没必要也不应该深居府中。

然而刘备虽把“经营大权”下放给诸葛亮，但偶尔却又无端收回。如关羽死后，刘备不听劝告，意气用兵（也是因为兄弟情深，以至于极罕见地不顾丞相的劝谏，临时收回兵权，御驾亲征），发动彝陵之战，导致损失惨重。

5.4.8 古代的分权和授权

分权、授权自古有之，相对于各种现代管理制度，古代的统治更依赖人治。这种情况导致古代国家治理中的分权、授权会给国家和统治者带来较大风险。例如权力的分散导致韩、赵、魏三分强大的晋国；两个奥古斯都（皇帝）和他们的凯撒最终把罗马分成东西罗马；甚至在孔子年代的小小的鲁国，国君的权力被几个大臣架空，这几个大臣的权力又被他们的家臣（典型的如阳虎这样的家臣）架空。

晋国这样一个强大的“堡垒”就是这样在内部被攻破的。古代有一些统治者不愿意冒这样的风险，他们把权力牢牢地抓在手里。事必躬亲的诸葛亮是一个代表，喜欢御驾亲征的皇帝们也是这一类统治者的代表，堪称“劳模”的奏折批阅“狂人”雍正皇帝也是这样的代表。

但是也有另一类统治者，他们可吃不了这样的苦，他们做统治者更重要的目的是享受。于是他们把各种权利进行分权、授权，给予那些“可信”之人，让他们去劳心劳力，自己偷着乐，或者美其名曰“思考更高层次的战略问题”。但因此彻底失去权力乃至亡国的结局，将在他们的子孙辈甚至他们自己这一代就到来。曹魏政权的覆灭就是一个典型例子。

尽管现代法律制度更完善、更有力，人治的成分相对于古代的情况弱化了，但是前事不忘后事之师，总体而言，古代、现代的人性是永恒的。且不谈严肃的国家治理问题，企业高管也应当吸取上述教训，须明白，分权、授权是一件大事，不可轻率而为，也不能被“领导艺术”的包装迷惑，更不能为了个人的轻松愉快而为之。

有一家大企业的高管在位时为企业做出了许多贡献，退休后记者采访他，想听听他对自己工作的感想。他的回答很朴实：要对得起自己所在的这个职位。企业里仍然有不少具体的事需要高管们亲力亲为，高管的工作绝不只是谋划、公关这些务虚之事，更不是坐在办公室里听汇报的单一模式。高管的工作应该是“立体”的、多层面的、综合的工作。

另外，不管是分权还是授权，历史（例如封建统治）与现实（例如企业管理）告诉我们，不能把“全线流程”的权力都下放给一个人——关键资源都集中到他（她）这里了。喜欢历史的读者应该能回忆起若干例子：封建君主这么做，可能即为自己找了一个挖墓人。在企业管理方面，巴林银行的尼克·李森、中航油（新加坡）公司的陈久霖、国储铜的刘其兵犯下的严重罪行也源于这种情况。

唐太宗在《帝范》里说：还是应该分封诸侯，但诸侯势力太大就难以控制，因此要多分几个。这样君主治国就会像身体指挥手脚一样灵活。而且这些诸侯国互相牵制，有远有近、有内有外、有强有弱、有大有小，这样，他们有难事时还是要靠皇帝帮他们解决。①

再举一个企业管理的小案例。

在兰州拉面很火的时候，一位老板也开了一家拉面馆。他雇了一位拉面师

① 赵玉平. 管理之道[M]. 北京：中国工人出版社，2017.

傅，为了调动师傅的积极性，提出按销量分成。拉面师傅就往每碗面里放很多牛肉——能吸引顾客，卖得越多，他的提成越多。老板很不高兴，因为他需要承担更多成本，每碗面的售价里本来就没多少赚头，拉面师傅这么干，老板哪里能承受？

老板只好采用传统的薪酬制度，即给拉面师傅发固定工资。但拉面师傅的做法让老板很生气——他在每碗面里放很少的牛肉，把顾客都赶跑了，没有回头客。师傅巴不得生意清淡，清闲地拿固定工资。

这个案例告诉我们：拉面师傅的权力太大了，成了业务的关键节点；他如果不自律，一个好的项目也会运营惨淡。[①]

---

① 可以考虑底薪加提成，且提成与老板的利润挂钩，而不是与销量挂钩——类似 12.3.1 小节中的运输囚犯移民的案例，得根据到澳洲后的上岸人数支付船主酬劳，而不是根据在英国港口的登船囚犯数支付。

第6章　组织管理

6.1　正式组织与非正式组织

组织设计的结果促成正式组织的产生。在正式组织开展活动的过程中，组织成员相互了解，并发生了工作以外的联系，逐渐形成了非正式组织。

正式组织和非正式组织的定义，如图6—1所示。

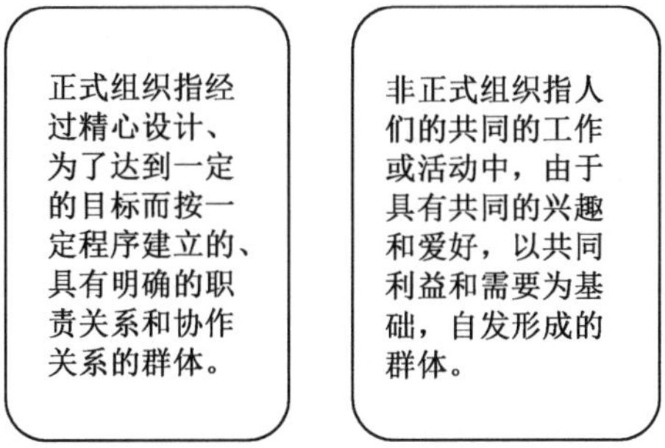

图6—1　正式组织与非正式组织的定义

维系正式组织的因果主要是理性的原则；维系非正式组织的因果主要是感情和融洽的关系。正式组织以效率和成本为主要标准，以正式的物质与精神奖励或惩罚引导成员的行为。非正式组织要求成员遵守的是不成文的行为规则，对犯规的成员，非正式组织通过嘲笑、孤立等手段予以惩罚。非正式组织给予其成员的压力或者说约束力有时候可能大于正式组织的约束力。

正式组织的积极影响:组织目标是具体、确定的;等级结构明确;具有正统性、合法性和稳定性,有利于组织运行和组织目标的实现;信息沟通渠道稳定,决策程序化;组织行动和结果的可预期性强。

正式组织的消极影响:建设成本往往较高,适应变化能力较差。

6.1.1 非正式组织的积极影响

非正式组织的积极影响如下。

(1)可以满足职工的社交需要。马斯洛、梅奥认为,员工不仅有工作的需要,也有在工作场所社交的需要。

(2)可以使关系更融洽,有利于业务培训。员工之间不怎么保守或藏私,有利于员工之间的知识与技能的传播,资深员工主动带教新员工,有利于业务培训。

(3)可以帮助维护正常的秩序,因为非正式组织中的成员往往会把组织的秩序和规矩告诉新员工,提醒新员工。

6.1.2 非正式组织的消极影响

非正式组织的目标如果与正式组织的目标冲突,会对正式组织的工作产生不利影响。非正式组织要求其成员保持一致的这种压力,会束缚成员的个人发展。例如使有潜力的员工不能或者放弃提高自己的产量,放弃创新想法和做法,放弃成为优秀员工的努力,以避免被非正式组织中的其他成员妒忌、嘲笑、谴责、疏远,从而保持自己在非正式组织中的融入感。非正式组织的小集团利益以及可能存在的保守、消极的思想会妨碍组织变革。

6.1.3 积极发挥非正式组织的作用

承认其存在,或者说要正视非正式组织的客观存在,不一定需要强制干涉甚至拆散非正式组织。应建立和宣传组织文化,引导规范的非正式组织的行为。

[思考题]

王洪是一家公司的总经理,他发现公司中存在很多小团体。他知道处理不好这个问题会影响员工的情绪和工作业绩,但他不知道如何处理这个问题。如果你是他的顾问,你会为他出什么样的主意?

分析:处理这类问题需要把握的要点是看小团体对企业的危害有多大,进而进行相应的处理。如果消极作用较大的小团体主要由部门负责人形成,则今后在企业内实行岗位轮换制度加以预防。一个部门的负责人在一个岗位上不能超过三年的任期。管理人员在一个工作岗位上工作的时间越长,他/她对该部门的控制力也越强,受到的监督越少,围绕其形成的小团体就越紧密,形成的势力也就越大。

形成一个紧密型小团体大约需要两年半,那么三年进行一次岗位轮换。此时间稍长于小团体形成的时间周期,既保持了管理人员的稳定性——也就保持了组织运营的稳定性,又使企业不容易形成紧密型小团体,这在制度上制约了小团体的形成。企业高管应细心观察企业的细微变化,不要让小团体发展到危及企业利益的时候再做决断,否则后果可能很严重。

出现小团体现象也很正常,和企业相比,员工处于弱势地位,他们为了自己的利益,抱团形成小集体也是正常的。对企业而言,这个小集体有利有弊。一方面可以增强员工的凝聚力,增加员工的工作热情和对企业的认可度,甚至比企业制度更有效地管理员工(例如本节稍前“非正式组织的积极影响”部分提到的“维持组织的正常秩序”)。一方面又会产生某些排他性,对外在干预采取对立态度。

堵不如疏,小团体的形成与存在具有客观性和隐蔽性,是难以被禁止的。与其考虑如何消灭企业中的小团体,不如考虑如何化解矛盾,引导小团体发挥积极作用。

6.2 直线管理人员与参谋

对实现组织目标负有直线责任的部门称为直线机构,为协助直线机构/管理人员工作而设置的部门称为参谋机构,参谋人员是同层级直线管理人员的助手。

(1)直线关系。上级指挥下级的命令关系,赋予直线管理人员的是决策和行动的权力。

(2)参谋关系。协助和服务的关系,领导赋予参谋人员的是建议、筹划的权力。

直线人员可能是经验主义者,常使用归纳推理。参谋人员可能是理想主义者,常用演绎推理。直线人员容易陷入保守,参谋人员容易落入空想。这些使他们容易产生矛盾。

6.2.1 直线管理人员与参谋的矛盾

在工作中,直线管理人员与参谋都有可能对对方产生不满情绪。参谋过多干预直线工作,引起直线管理人员的不满;直线管理人员忽视参谋的意见,导致参谋人员不满。

6.2.2 正确发挥参谋的作用

(1)明确直线管理人员与参谋人员的职权关系。参谋人员首先必须经常提醒自己不要越权、篡权;直线管理人员也应当认识到,参谋人员拥有的专业知识正是自己缺乏的,因此必须自觉发挥参谋人员的作用。

(2)授予参谋必要的职能权力,例如调查权力、调用某些资源的权力。

(3)为参谋提供必要条件,例如提供足够的信息,直线管理人员不恰当的保密举措很可能对参谋的工作不利。

另请参见 9.1.3 小节中,作者在马谡失街亭案例中对参谋和主将角色的论述。

6.2.3 不使用参谋的情形

一项较重要但不会持续很久的任务,例如整顿公司的管理,最好当作临时任务处理。为之组建临时整顿小组,一旦任务完成,就可以撤销该小组。而如果让参谋人员承担这一任务,他们可能会试图圈定自己的势力范围。他们为了开发自己的资源,显示自己的存在价

值，可能到处寻找需要整顿的地方，这种过度的行为很可能给企业带来损害。

6.3　委员会

委员会是一种集体工作的形式；委员会可以是长期的，也可以是临时的；可以作为直线式出现，也可以是参谋式的。直线式的有：军事委员会、各级人民代表大会的常务委员会；参谋式：例如大型企业中国粮油食品（集团）有限公司的董事会下设的人力资源与薪酬委员会、投资审查委员会、审计委员会，中国海运（集团）总公司下设的专家咨询委员会。

6.3.1　委员会制的优点

（1）可集思广益，可以综合各种不同的专门知识。集体讨论可以产生数量更多的备选方案，可以互相启发，从而完善各种设想以及提高决策的质量，避免个人的判断错误。

（2）可代表各方利益，便于集中协调。开会时与会人员在空间方面的集中，便于沟通；集中各方的利益要求和表达，否则太杂乱，无法谈判和协调。

（3）鼓励参与，调动执行者的积极性——委员对自己参与制定的决策自然更容易接受、更愿意执行。委员代表某一方的利益，他具有权威性、代表性和号召力，所以该方团体也容易受该委员影响，接受他/她的劝说，从而接受该决策并积极执行。

（4）避免权力过度集中。

6.3.2　委员会制的局限

因为是多方协调，反复磋商，所以委员会的决策较耗费时间，成本高；决策有折中性，决策结果可能是博弈、妥协的结果，而不是择优的结果；责任与权利分离，因为是集体领导或决策，每个委员承担的责任相对较小，从而敢冒风险，所以委员会的决策结果也不一定都是保守或折中的，也可能是激进的；在委员会中，仍可能出现一个人或少数人占支配地位的情况。

6.3.3 运用委员会的原则

运用委员会的原则如图 6—2 所示。

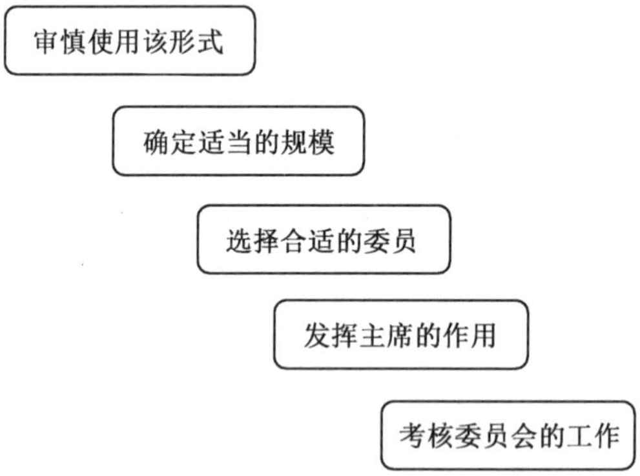

图 6—2 运用委员会制的原则

下面简单解释一下图 6—2 中的一些原则。

审慎使用：重大、深远地影响组织全局的问题，对及时性要求不严格的问题，涉及不同部门的利益和权限的问题，对这些问题才采用委员会管理形式；须明确委员会的权限。在很多情况下，7 个人左右的规模较合适。

委员会的工作成效在很大程度上受其主席的领导才能影响。委员会主席在会议前须认真准备；在讨论过程中须善于组织、控制和引导，不要让委员们跑题、浪费会议时间、深陷争执之中；也要避免会议结果是一些没有实质意义或现实意义的结论或决定。

第7章 决 策

西蒙指出，管理就是决策。决策是管理的本质，管理的各项职能都离不开决策。决策是计划职能的核心。有的人在事业和生活方面很成功是有原因的，连续的正确决策就是一个重要原因。当前的人生状态是人们过去的决策和行动决定的，当前的决策和行动又决定了人们未来的人生状态。

决策是指组织或个人为实现某种目标，对未来一定时期内有关活动的方向、内容及方式选择或调整的过程，是在若干个方案中选择满意方案的过程。决策的目的是解决问题或利用机会。

决策时遵循的原则，主要有以下几个方面。

(1)在决策中，可遵循(对效果)满意原则，而非最优原则。

(2)遵循系统性原则——结合内外部条件，平衡局部利益和整体利益，平衡当前利益和长远利益。

(3)遵循经济性原则——用较少的人、财、物、时间的消耗获得较大的效益或较小的损失。

(4)遵循创新原则——立足现实，着眼未来，避免故步自封，吸取当代科学技术发展的新成果。

(5)遵循科学性原则——依据尽可能多的各类信息，充分运用科学的决策方法。[①]

应多获取信息，尤其应多接触新信息，了解新趋势，从而更有效地决策。信息虽然重要，但也不能不计成本地收集信息，而是要进行成本—收益分析，如果值得，才加大收集信息的投入和力度。

(6)遵循民主原则。

7.1 决策的不同分类方法

决策的不同分类方法，主要有以下几种。

(1)长期决策与短期决策。长期决策是指有关组织今后发展方向的长远性、全局性的重大决策，又称长期战略决策。

短期决策为具体实现长期战略目标而采取的策略，又称短期战术决策。例如日常营销决策、物资储备决策、生产中的资源配置决策。

(2)战略决策、战术决策与业务决策。战略决策是根本性决策，具有全局性、长期性，是对总体方案做出的决策。例如：确定或改变企业的经营方向和目标，开发新产品(属于集中型发展战略或多元化发展战略)，企业上市，兼并企业，开拓海外市场，合资经营(属于发展型战略途径)，扩大生产能力，高层管理者人事变动。

战术决策又称管理决策，是执行战略决策过程中的具体决策。例如资金分配决策、市场营销决策、人力资源配置和培训决策(属于职能决策)。

业务决策又称执行决策，主要涉及组织中的一般管理和工作中的具体决策活动，直

① 高海晨. 现代企业管理(第3版)[M]. 北京：机械工业出版社，2018.

接影响日常工作效率。例如设备维修决策、销售服务决策、职工休假安排决策。

(3)集体决策与个人决策。集体决策的稳定性更高;能更大范围地汇总信息;能拟订更多的备选方案;能得到更多的认同;能更好地沟通。集体决策的缺点:花费较多的时间;产生群体思维(追求意见的一致性);责任不明。

(4)初始决策与追踪决策。初始决策是指组织对从事某种活动或从事该活动方案的初次选择。因环境发生变化或组织对环境的认识有了变化,而在初始决策的基础上调整,即为追踪决策。

(5)程序化决策与非程序化决策。程序化决策又称常规性决策,是指对重复出现的日常管理问题做出的决策。这类决策有先例可循,能按规定的程序、处理方法和标准决策。非程序化决策是指对那些不重复出现、不能以现成的程序表达的问题做出决策。这两种决策分别适用于例行问题和例外问题。例行问题指那些重复出现的、日常的管理问题。例外问题指那些偶然发生的、新颖的、性质和结构不明的、具有重大影响的问题。

(6)确定型决策、风险型决策与不确定型决策。①确定型决策是稳定、条件可控时的决策。决策者确切知道各个状态的发生情况,制订的每个方案只有一个确定的结果。②风险型决策/随机决策是决策者不知道哪个状态会发生,但知道状态的数量,以及每个状态发生的概率时的决策。③在不确定型决策场景中,决策者可能不知道会发生哪些状态,即便知道这些状态,也不知其发生的概率。参见7.6.2小节中的第(3)项开头的概念阐述。这里的不确定指面临的环境、条件不确定,并非指决策本身不确定。决策者面对不确定的环境和条件,须制定一些确定的应对策略,减弱环境和经营条件的不确定性。例如与供应商、顾客签订长期合同,以便减小市场变化对本企业的影响。

7.2 决策的特点

决策的特点主要有以下几点。

(1)目标性。决策的关键之一是确定目标。

(2)可行性。决策是否满足相关的信息条件、组织条件、物质条件和环境条件。

(3)选择性。决策的另一关键是选择。

(4)满意性。不是依据最优原则选择,而是满意原则。

(5)过程性。决策有一定的过程,但也并非均如此,有的决策是瞬间做出的。

(6)动态性。决策是一个动态过程。决策者须密切监视并研究外部环境及其变化(即环境扫描),从中发现问题或找到机会,及时调整组织的活动,以实现组织与环境的动态平衡。

7.3 决策理论

7.3.1 古典决策理论

古典决策理论又称规范决策理论。它是基于“经济人”假设而提出的。前提是决策者是完全理性的,决策目的是获取最大经济利益,不足是忽视了非经济因素的影响。

古典决策模式对决策者如何决策做出清楚的规定,其价值是有助于决策者更加理性地决策。对程序性决策、确定性决策和风险型决策,古典决策模式有用武之地,因为在这些情况中能获得相关信息,效益(或效果、结果)、状态发生的概率也能计算出来。计算机的使用促进了定量分析和决策技术的推广使用,从而扩大了古典决策模式的应用范围。古典决策方法中的定量决策技术包括:决策树、报酬矩阵、盈亏平衡点分析、线性规划、预测学、运筹学等。

新知识

具有中国特色的现代国有企业制度的四个特点

程承坪(2017)指出，具有中国特色的现代国有企业制度在四个方面不同于西方资本主义国家的现代企业制度。一、前者的人性假设是社会人，后者的人性假设是经济人。对第二个方面，本书作者不认同，因而略去。三、中国企业发展依靠的力量首先是党的领导，其次是广大管理者和职工，再次才是资本；后者主要依靠资本。四、前者的产权民主是公有资本产权、非公有资本产权和劳动产权之间的民主；西方特别是英美公司的治理主体主要是私有资本所有者，因此其产权民主是私有资本产权之间的民主。[1]

7.3.2 行为决策理论

古典决策理论把人看作具有绝对理性的“理性人”或“经济人”，并认为在决策时人们会遵循最优原则选择方案；行为决策理论则认为，这十分困难。为此，西蒙提出有限理性标准和满意度原则。其他学者也发现：影响决策者的不仅有经济因素，还有决策者个人的行为因素，例如态度、情感、经验和动机。

行为决策理论的主要内容有：人的理性介于完全理性和非理性之间，是有限的理性；决策者在识别和发现问题时容易受知觉偏差影响；决策者只能做到尽量了解各种备选方案的情况；决策者往往厌恶风险[2]；决策者往往只求满意的方案和结果，而不愿费力寻求最佳方案。

行为决策理论抨击了把决策视为定量方法和固定步骤的片面性，主张把决策视为一种文化现象。

---

① 程承坪. 当前国企改革的方向：建立中国特色现代国有企业制度[J]. 学习与实践，2017(2)：5－13.

② 人们一般都厌恶风险，例如消费者作消费决策时往往也厌恶风险。

7.3.3 当代决策理论

当代决策理论的核心内容是:决策贯穿整个管理过程,决策程序就是整个管理过程。既重视运用科学理论、方法和手段,又重视人的积极作用。

7.4 决策过程

为使决策科学化,必须按照一定的程序决策。人们一般认为决策过程有七个基本步骤,并且是一个动态的连续过程。

(1)识别机会或诊断问题。研究实际状况与期望状况的偏差,确定潜在的机会或问题。识别机会或诊断问题是最能体现管理者价值的方面,这方面的能力即洞察力。我们应该怎样培养自己的洞察力呢?[①]

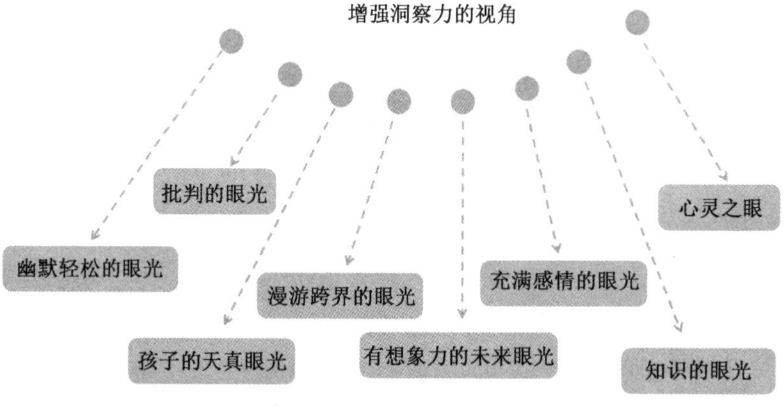

图 7—1 增强洞察力的视角

对图 7—1 中的视角,作者选择两个进行阐述。在当今的经营环境中,没有漫游跨界的眼光,等待自己的命运可能就是被"跨界打劫"——就像许多行业被

① 研究实际状况与期望状况的偏差就是获得洞察力的一个途径。例如研究企业运营的异常状况:辞职员工增多,开支增加,超过预算等;实际情况与我们的经验不符时也须研究。对这些情况,管理者都应关注和思考,洞察力就来自这些地方。人无远虑必有近忧,如果对上述情况熟视无睹,不多加思考和讨论,坏运气可能就要降临了。

电子商务“跨界打劫”一样。

宜家为什么能在全球范围成为一家成功的家具企业？因为它的创始人英格瓦·坎普拉德有一颗伟大的平民之心（心灵之眼）。他发现世界上不缺乏好家具，家具界的“路易威登”各国都有，但那些不是平民百姓问津的品牌。世界上缺乏平民百姓买得起的好家具，缺乏世界级的大众品牌。[①]

（2）设定目标。根据问题的现状和解决的可能性，提出希望达到的目标。目标必须明确、具体、可行，确定的目标应符合3个基本要求：可以明确计量，无法计量则无法检查；有确定的期限，无期限则等于无目标；有确定的责任者，无责任者则无法落实。

寓言

三只老鼠去偷油，它们好不容易找到了一个油瓶，但瓶口太高，够不着喝油。老鼠们最终想出叠罗汉的喝油方法。然而当第三只老鼠爬到其他两只老鼠的上面时，不知什么原因，油瓶倒了。惊动了人，三只老鼠逃回老鼠洞。

它们开了一个会，想讨论一下功败垂成的原因。当时爬到最上面的老鼠说：我碰倒了油瓶是因为我感到脚下的老鼠抖了一下。第二只老鼠说：我是抖了一下，是因为最下面的老鼠也抖了一下。第三只老鼠说：我好像听到了猫的声音，才抖了一下。于是三只老鼠哈哈一笑，看来都不是它们的责任。

这个寓言告诉我们：没有确定的责任者，不但无法实现目标，发生问题后，大家还都会找借口，推卸责任，而不是吸取教训，找到解决问题的方案。

（3）拟订备选方案。须提出多个不同的初步方案，以供比较和选择。备选方案应满足以下要求：整体完整性，应该使备选方案集尽可能包括全部方案；相互排斥性，不同方案必须有原则性区别，不是用于凑数的；方案的可比性，根据评价准则，评价者能计量每一个方案的效果。

① 孟宪忠，谢佩洪．企业战略管理[M]．北京：高等教育出版社，2013．

(4)评估备选方案。评估的内容包括:实施该方案的条件具备的情况;需要的成本;能得到的利益;可能遇到的风险,失败的可能性。

(5)做出决定。在众多的选项中权衡利弊,选择一个或几个选项。

(6)实施方案。可能须应用目标管理方法,把决策目标层层分解,落实到每一个执行部门和个人。

(7)监督和评估。及时掌握决策的执行进度,检查有无偏离目标。用预先设定的指标评估整个决策过程;并考察客观情况是否发生重大变化,原先目标是否仍可行,根据需要识别新问题,寻找新机会,确定新目标,开始一个新的决策过程。

图 7—2 简略描述了上述决策过程。

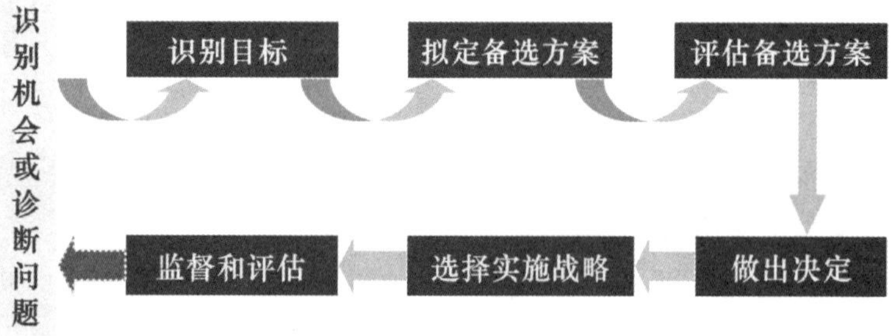

图 7—2 决策过程

7.5 影响决策的因素

影响决策的主要因素有以下六个方面。

(1)环境。影响决策的环境包括政治、法律、经济、社会、文化、自然、技术、市场等环境。环境对决策的影响表现为推动决策和制约决策。

(2)过去的决策。大多数情况下，组织的决策不是初始决策，过去的决策是目前决策的起点。过去的决策会影响当前的决策，因为人们对过去的决策有继承的倾向，人们也会吸取以往决策中的经验、教训。但以往决策的影响并不总是积极的，作者刚刚提到人们有继承以往决策的倾向，既然是继承，就有可能继承不合适的甚至错误的东西。巴黎迪士尼乐园经营初期的教训就是这样，该公司一味套用其在美国和日本的做法，导致经营不利。这就是为什么有人说“成功乃失败之母”。

过去的决策与当前决策者的关系影响当前决策者是否容易接受变革——当前决策者不是过去的决策者时，当前决策者较容易接受当前的变革。这也是一些公司在实施重大改革时更换高层领导的原因之一。

承诺升级(escalation of commitment)常常用于表述决策者出于个人或小集团的利益考虑，继续对其过去的错误决策事项投入，以维持其运行[①]。在这种情况中，承诺升级实际上是一种赌徒心理。[②]

例如中航油(新加坡)公司的陈久霖和国储铜的刘其兵在违规期货投机交易中的行为。再如，一位管理者在一个当初本不应该聘用的员工身上花太多的精力纠正其缺点，而不愿承认当初的错误聘用，不愿意及时解雇该员工以避免更大的损失。还有，在2008年金融危机中，雷曼公司总裁依据过去的经验，以为只要再坚持一下，就一定能使公司转危为安，结果失去了一次又一次引入战略投资的机会，公司的资产价值一跌再跌，最后以破产告终。

(3)决策者对风险的态度。风险偏好型决策者对损失感觉较迟钝，对收益敏感，具有不惜冒险而追求大利的决策心态；而风险规避型决策者循规蹈矩，谨慎小心，不求大利，但求保险，决策趋向于保守。决策者对风险的态度受组织文化影响，组织文化注重创造与创新时，决策者更有可能偏好风险，具有冒险精神；而在严谨的组织文化中，决策者更有可能偏好风险规避。

(4)伦理。当代的伦理概念蕴含着西方文化的理性、科学、公共意志等属性，在我国还蕴含着中国文化的影响。

---

① 打个比方，就是丢了100元，却花200元乘出租车去找，往往还找不回来。

② 或者说，是一种欲罢不能的心态。

一个以员工为重的经理所做的决定。这个决定让管理层在面对企业的内部和外部环境危机时，比较容易做出正常发放工资的决策。这方面的决策决定了士气高昂或涣散，也决定了形势好转后能否迅速恢复生产和销售。这个决定让 Valero 公司比公路另一侧的竞争对手早两三个星期恢复正常运转。

管理者展示家庭般的团结友爱，把员工放在首位，能产生惊人的忠诚度和献身精神。Valero 公司每收购一家炼油厂，首席执行官首先做的工作就是向新员工保证：他们不会丢掉饭碗，公司也会为他们购买新的安全生产设备；只要员工好好干，他一定会优先考虑员工的需要，其次才是顾客和股东们的利益。

还有，在做出召回问题产品的决策时，如果经营者能坚持公正、诚实的经营原则，如果有张瑞敏那样的产品质量意识，那么这样的决策就不艰难。否则，总想着强硬对待消费者，或者寻找借口，拖延处理，就会遭遇公关危机、信誉危机，进而导致品牌危机和销售危机、经营危机，就像奔驰和三星等公司在中国遭遇的危机。

案例

意外的工资

1933 年，正当经济危机在美国蔓延之时，加利福尼亚的哈里逊纺织公司因火灾化为灰烬。约 3 000 名员工悲伤地回到家里，等待董事长宣布公司破产和失业风暴的来临。在无望的等待中，他们收到了董事长办公室的一封信：向全体员工继续支付一个月的工资。

员工们深感意外，惊喜万分，纷纷打电话或写信向董事长表示感谢。一个月后，正当该公司的员工们为下个月的生活发愁时，他们又收到董事长办公室的第二封信。董事长宣布，再向全体员工支付一个月的薪水。3 000 名员工收到信后热泪盈眶。第二天，他们涌向公司，自发清理废墟，擦洗机器，还有一些人主动去南方联络中断的货源。

三个月后，哈里逊公司重新运行起来了。员工们使出浑身解数，昼夜不懈，卖力工作。后来，哈里逊公司成为美国最大的纺织品公司。

(5)组织文化。组织文化具有导向功能、凝聚功能、激励功能和约束功能。欢迎变化的组织文化有利于新方案的通过与实施。

(6)时间要求。时间具有一维性,机不可失,时不再来,因此决策时必须善于捕捉时机。美国学者金和克里兰把决策分成时间敏感型决策和知识敏感型决策。

①时间敏感型决策。速度比质量重要,必须迅速做出决策,例如战争中军事指挥官的决策,参见7.2节中的专题分析——关于司马懿的决策。有一个具体的案例说明了时间敏感型决策中速度的重要性。

案例

英明决策中的对时间不敏感

1965年11月间,美国东北部发生了美国历史上最严重的全面停电事故。《纽约时报》社总编在纽约市发生大面积停电时,做了一个英明决策,在哈德逊河对岸还未停电的纽华克印刷当日报纸,因而该报社是纽约当天唯一仍能发行报纸的报社。

美中不足的是,该报社的发行量还不到平常的一半,原因是总编英明决策但对时间却不敏感,当印刷机准备开印时,他却与助手就一个小小的词汇形式问题发生争论,耗时近50分钟。就是耽搁掉的这近50分钟,使报社未能在当天打一个完美的"胜仗",因而比平时的发行量少了一半多。

编辑们平时这样争论是值得鼓励的,因为能确保报纸尽可能不出现任何错误。可当天是在该市大面积停电的情况下,而且总编决定在河对岸印刷就是在与时间赛跑,与停电故障的扩散"波"赛跑,此时没有什么比迅速决策、当机立断更重要的工作要素了。

然而在现实生活中,在工作、学习中,我们却常常、反复犯类似的错误。明明任务的完成期限很紧张,明明有很多(重要的)事情等着我们处理,可是我们在处理一件事时常常犯完美主义错误,甚至犯强迫症的错误,为一个没有多大价值的细节思之再三,耗费了太多的时间和精力。

这种办事风格会大大降低我们的效率,影响其他事务的处理,乃至影响我们获得成功。虽然追求高质量、追求完美本身并没有错,但我们要明智地在各种目标间权衡,以获取最大价值和成功。在很多场景中,其实时间永远是不够用的,我们千万不能误以为还有足够的时间供我们支配——俗话说"计划没有变化快”，当一个突发事件发生后，原来貌似充足的时间一下子就完全不够用了。

②知识敏感型决策。对决策质量的要求高于对时间的要求，战略决策一般都属于知识敏感型决策。人们进行知识敏感型决策时需要搜集更多的信息，需要制订更多的方案，而不太在意经济成本和时间成本。

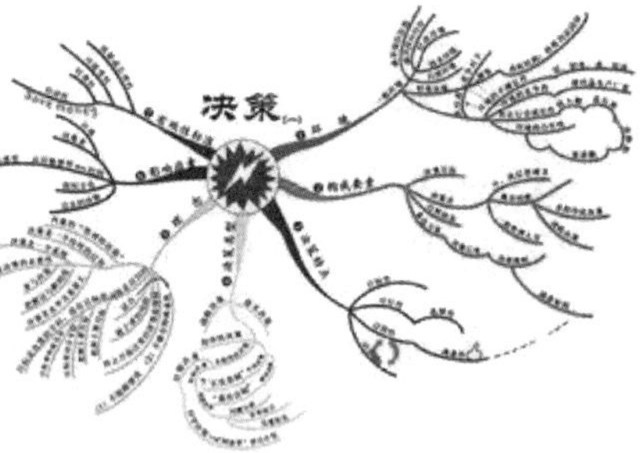

7.6 决策方法

7.6.1 集体决策方法

(1)头脑风暴法

头脑风暴法是指诱发创造性思维的共振和连锁反应。不评价别人的建议，尽量不讨论；可以补充、完善已有建议。

案例

用直升机扫雪

美国北方的冬天非常寒冷，大雪纷飞，通信电缆和电线上积满冰雪，大跨度的电缆经常被积雪压断。过去，许多人试图解决这一问题，都未能如愿。后来，电信公司经理应用头脑风暴方法，尝试解决这一难题。

按照头脑风暴方法的规则，大家七嘴八舌地议论开来。有人提出设计一种专用的电缆除雪机；有人想到用电热融化冰雪；也有人建议用振荡技术清除积雪；还有人提出，能否带上几把大扫帚，乘直升机清扫电缆上的积雪。对乘飞机扫雪的设想，大家虽然觉得滑稽可笑，但在会议中也没人批评。

有一位工程师听到乘飞机扫雪的想法后，思维突然受到冲击，一种简单可行且高效率的清扫方法冒了出来。他想，每当大雪过后，出动直升机沿着积雪严重的电缆飞行，使用高速旋转的螺旋桨有可能将电缆上的积雪扇落。他马上提出用直升机扇雪的新设想，顿时又引起其他与会者的联想，有关用直升机除雪的主意一下子又多了七八条。不到一小时，与会的10位技术人员共提出90多条新设想。

会后，电信公司组织专家对设想分类论证。专家们认为：设计专用的除雪机，采用电热或电磁振荡等方法清除电缆上的积雪，在技术上虽然可行，但研制费用高、周期长，一时难以见效。那些由“乘直升机扫雪”的思路激发的几种设想，倒是一些大胆的新方案，如果实施，可能是一种既简单又高效的好办法。经过现场反复试验，技术人员发现，用直升机扇雪真能奏效。一个悬而未决的难题，终于在头脑风暴中得到了巧妙地解决。[①]

(2)名义小组技术

互不通气，激发个人的创造力和想象力。

(3)德尔菲法

居间调度者收集并综合各位专家的意见，再反馈给各位专家，让他们再次独立发表意见。德尔菲法也叫专家通信咨询法。

思想往往须碰撞后才能产生火花，集体决策方法能发挥集体创新精神，也遵循了民主原则。

7.6.2 关于经营方向的决策方法

常用于经营方向的决策方法是经营单位组合分析法，也叫波士顿矩阵法或发展一份额矩阵法，这是用于公司高层战略管理的决策方法。经营单位组合分析法的步骤：①确定企业不同的经营单位。②计算各经营单位的相对市场占有率和业务增长率。③绘制企业的经营单位组合图。④根据各经营单位在组合图中的位置，为其选择经营策略。

图7—3即经过上述步骤③后得到的经营单位组合图的抽象表示。

---

① 单凤儒、金彦龙. 管理学——互联网思维与价值链视角[M]. 北京：高等教育出版社，2015.

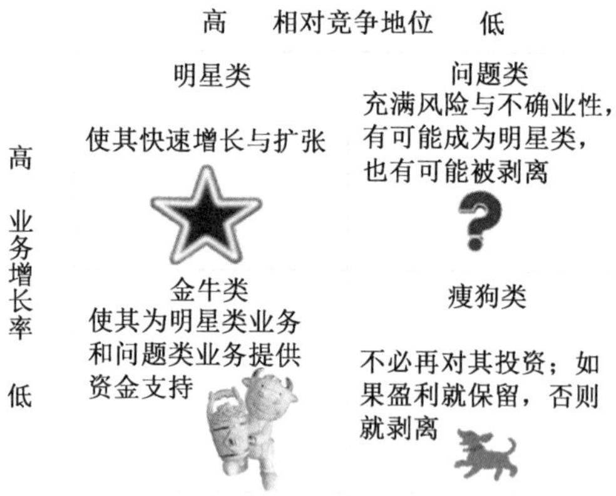

图 7—3　经营单位组合分析法

图 7—3 中相对竞争地位即相对市场占有率[①]，其值为：

$$\frac{\text{本经营单位的销售量}}{\text{最大竞争对手的销售量}}$$

上述步骤④表明，可以根据经营单位组合图进行业务经营方向的决策。下面根据此图的四个“象限”分别阐述经营策略的选择。

(1)明星类

处于高增长状态，市场份额大。对明星类业务尽量保持和扩张。

(2)问题类或幼童类

这类业务的特点是高增长，市场份额小。高增长需要大量投资，低市场占有率导致获得的收入少，企业面临选择。问题类业务的风险较大，利润率可能很高，一部分可能会转成明星类，一部分业务单元可能须放弃或出售。

(3)金牛类

这类业务的增长速度慢，市场份额高，给企业带来大量的现金收入，但其自身的发展前景有限。须控制对它的投资，不必再为金牛类业务增加额外的投资，只需维持其运营即可。从它身上挤出尽可能多的“奶”，把它产生的大量现金投到明星类、问题类业务，以获取高额利润。

① 由于界定市场的边界相当困难，难以获得市场总量值(总销售量或总需求量)，因此准确确定各经营单位或各项业务的市场占有率绝非易事。因此计算相对市场份额，这样更方便。

有的经营者看不出市场发展趋势，仍把主要资源投入到金牛类产品（为之自豪的产品）中，不积极发展明星类产品、培育问题类产品。结果失去了发展的先机，失去了未来的市场；其金牛类产品也逐渐衰退（本来就处于成熟期）。

例如杜邦公司就曾经把很多精力和资源放在尼龙材料和相关产品上，忽视了聚酯纤维材料和相关产品的发展前景，没有及时对其投入，结果在这个领域被一家小公司打败了，对方占据了市场份额的大部分。金牛类产品虽然是个宝，但经营者不能只抱着它，而应当顺势而为。

(4)瘦狗类

瘦狗类业务的增长速度慢，市场份额小。经营者常常将之出售、清算，得到现金。例如IBM的个人电脑业务后期就是瘦狗类业务，只能带来较少的收入和利润，甚至可能成为资金的陷阱，所以IBM将之出售给联想。不过联想能降低生产成本和销售成本，并且有中国的巨大市场作为支撑，所以联想愿意收购该业务，并使之获得发展。

按上述方法，对企业各项业务的经营策略进行组合分析，然后决策：对不同类型或不同战略地位的业务实施不同的资源分配策略；通过资源分配，实现资源在业务间的正常流动；将业务管理的重点放在明星类业务上；掌握业务组合适当的变迁速度/节奏。

业务组合分析法的主要缺陷如下。

(1)根据高、低两种情况划分业务增长率和业务在市场中的地位，进而确定企业各项业务的经营策略，过于简化了实际情况。

(2)此方法最大的问题是使用了获利与市场份额成正比关系的假设，而这一假设并不总成立。

对业务组合分析法的发展是业务地位－产业吸引力矩阵和产品－市场演变矩阵。

7.6.3 关于经营方案的决策方法

7.6.3.1 确定型决策方法

确定型决策方法的适用情形：对未来情况的认识明确，能准确估计市场的变化，计算各方案的未来效益，并据此选择合适的方案。具体的决策方法有线性规划和量本利分析法等。

7.6.3.2　风险型决策方法

风险型决策方法的适用情形：只知道一个方案未来的各个状态（例如市场状态：销路好或差）可能出现的概率和期望效益或效果，决策有一定风险。具体的决策方法有决策树法，利用树状图描述、分析问题，并在决策树图上进行决策分析。

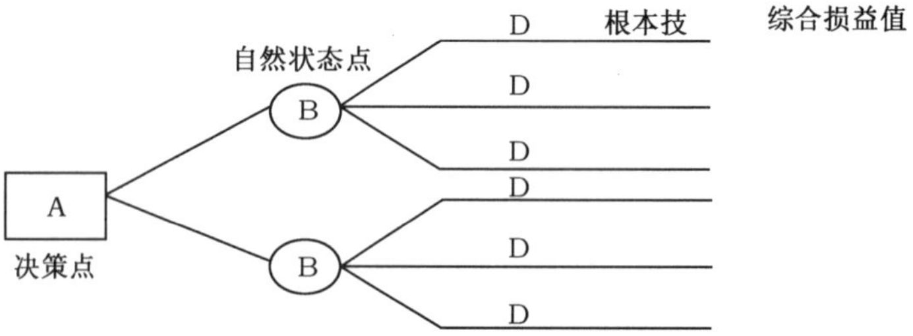

图 7—4　决策树基本图形

图 7—4 中，自然状态点表示各种方案，综合损益值表示盈利或亏损结果。

7.6.3.3　非确定型决策方法

非确定型决策场合：决策者只知道各备选方案将来可能产生的几种效益，但不知这些效益出现的概率。用于非确定型决策的具体方法如下。

(1)小中取大法

采取悲观原则（最小最大原则）。决策时从各方案的效益值中找出最小值（各个方案都有多个可能的效益值），比较各方案的最小效益值，从其中选出一个最大值——从一批最小的结果值或效益值中选最大的，打个比方，即从一群“矮子”当中选一个“高个儿”。与该最大值对应的方案即决策者将选取的方案。

此方法基于的决策思想：决策者对未来持悲观态度，认为采取各个方案都会得到最差的效益，所以自然想选具有最大的最小效益值的那个方案，即差中取好。虽然遵循悲观原则，但仍然是选优，或者说是保守选优。

(2)大中取大法

采取乐观原则（最大收益值原则）。决策者对未来持乐观态度，认为采取各方案，将来都能获得最好收益，因此找出各方案的最大收益值，再从这些值中选出一个最大值，它对应的方案即理想方案。即好中选好。

(3)最小(的)最大后悔值法

决策者决策后，若客观情况未尽如人意，必然感到后悔。为了减少后悔，先计算各方案的最大后悔值，再选择最大后悔值最小的方案。该方法适合优柔寡断的决策者。

非确定型决策方法都带有较强的主观判断。

[思考题]

东方乐器公司根据上海钢琴市场，设计开发了3个儿童钢琴新项目，项目方案如表7—1所示。

表7—1　　东方乐器公司新项目预期收益表　　单位：百万元

方案 \ 市场状况	好	一般	不好
自动伴唱钢琴	30	20	0
陪伴学习钢琴	27	24	—4
光电显示钢琴	22	16	4

当该公司应用最小最大后悔值方法决策时，选用的方案是(　　)。[①]

A. 自动伴唱钢琴　　B. 陪伴学习钢琴

C. 光电显示钢琴　　D. 暂无可用方案

---

① 正确答案是A。在上述思考题的表中，于纵向计算后悔值并在横向找出各方案的最大后悔值，即带下划线的值。计算得到的后悔值表如下：

0	_4_	_4_
3	0	_8_
_8_	_8_	0

在三个方案的最大后悔值中，4最小，所以选自动伴唱钢琴方案。

最小最大后悔值概念与机会成本的概念不一样，计算方法也不一样。后者更直接地体现了做正确的事的概念，并且不像前者那样考虑概率问题。

7.7 决策者的理性限制

决策的合理性要求决策者应该具有完全的理性。与完全的理性对应的是决策者的理性限制：人的知识是有限的；人的预见能力是有限的；人的设计或规划能力是有限的。即使决策者拥有必需的、全面的知识，即使其预见很准确，但决策者有限的设计或规划能力也会限制其决策效果。

7.7.1 如何应对理性限制

(1)下放决策权力。如果把基层的决策权集中到高层，会放大高层决策者的理性限制。下放适合基层人员决策的权力，这些决策放在基层执行更有效。

(2)组织专家参与。例如，为应对并购决策中的主观因素，沃伦·巴菲特主张在兼并交易中引入额外的质询环节。需要的时候，他会启用“反交易顾问”，这位顾问欲获得丰厚报酬，必须说服巴菲特放弃当前的交易。

(3)鼓励组织成员参与，利用集体智慧帮助决策者减少理性限制。

案例

TCL越挫越勇的扩张

TCL在国际化的道路上屡战屡败，屡败屡战。1999年TCL将越南作为其国际化的第一块阵地，掌门人李东生率领彩电业务单元奋战18个月，亏损18亿元，出师不利。

接下来TCL将目光转向欧美，进行了3次大规模的收购。2002年首先收购了具有113年历史的德国施奈德家电生产厂，结果首战失利，施奈德一直处于亏损状态;2004年李东生踌躇满志地收购了大名鼎鼎的汤姆逊,结果还是亏损;9个月之后李东生又将阿尔卡特手机纳入囊中,与阿尔卡特集团成立T&A合资公司,结果合资公司一度处于混乱和失控状态,后来TCL只好将阿尔卡特手机业务全盘收购,结果仍旧亏损。

评析:企业管理者在决策时须认清自我,切勿眼高手低;须找准时机。不能以损失利润为代价追求国际化经营,联想集团也有类似的深刻教训。有人把这理解成国际化并购的代价,然而这个代价也太大了。华为公司走的是另一条路——自建工厂,因而在这方面的损失就小不少。

TCL此后的发展情况如下:与汤姆逊合资的企业申请破产,出售亏损的业务;重组组织架构;实现扭亏为盈。2014年TCL集团的品牌价值为668.59亿元,继续居“中国最具价值品牌”百强第6位;2016年其品牌价值达765.69亿元;连续11年蝉联中国彩电制造业第一品牌。到2014年,经过33年的发展,历经三次转型,TCL集团的营业收入超千亿元。2015年和2016年也超千亿元。

7.7.2 关于人生的决策

在人生的每一个重要关口,必须认真分析,郑重选择。一旦选择,哪怕留有遗憾,也要理智面对,努力创造条件,逐步改变。倘若经过努力也不能改变,那就勇敢地接受,千万不要使自己总处在后悔的阴影中。

第8章　计划、实施与控制

计划工作是一座桥梁，它把我们所处的此岸和我们要去的彼岸连接起来，以克服这一天堑。

——哈罗德·孔茨

一个出色的建筑师，在垒眼前每一块砖时，心里装的一定是巍峨的大厦。所以，一个人在成功之前其实已经在心里成功过好多次了。

8.1　制订计划

(1)计划的概念

制定目标，拟订实现目标的行动方案，包括预测未来，确定目标；选择方案，制定措施。

(2)计划工作须回答或解决的问题

What　做什么？

Why　为什么得做？

Who　谁去做？

Where　何地做？

When　何时做？

How　怎样做？

(3)计划职能的含义

广义的计划职能指管理者制订计划、执行计划和检查计划执行情况的过程。狭义的计划职能指管理者对未来应采取的行动做出的谋划和安排。

(4)计划的性质

计划为实现组织目标服务;计划是管理活动的基础;计划具有普遍性和秩序性;制订计划时须追求效率。

(5)计划分类方法

①长期计划、中期计划和短期计划。长期计划:5年以上;中期计划:1～5年;短期计划:1年以内,是具体的执行计划。

长期计划是充满风险的计划,人们常说:五年后,谁能说得清会发生什么事。

案例

秦始皇的选择

嬴政平定天下后,大臣淳于越建议采用周朝的分封制,以使朝廷获得皇室亲戚和功臣的支撑(尤其在危难时)。丞相李斯反驳说:分封后,诸侯互相攻伐,天子无力约束。秦始皇听从了李斯的意见。

秦始皇实行中央集权,对中华民族的形成和发展居功至伟,但对他们嬴家王朝可没有什么好处——传位一代就亡国了(严格地讲,第三代子婴已不是皇帝了)。周朝延续那么长,秦始皇为什么不效法分封制,愿意听从李斯的意见呢?作者认为一个可能的原因是:秦始皇为自家王朝制订的是万世计划,而西周只延续两百多年,东周时,天子的实力已被削弱,算上东周,延续的时间八百年不到。于是秦始皇可能这样想,周朝怎能作为万世基业的榜样呢?

这一长远计划听上去很诱人、很伟大,可惜嬴家王朝本身不具备传承万世的基因。而且当时实施高度中央集权的客观条件也不够好,因此直到西汉初期仍实行分封,唐太宗也讲要分封(参见5.4节最后的论述),甚至到清朝初期仍有分封。罗马帝国之所以要分而治之,也是因为疆域太大,无法有效集权治理。可以说,分封是帝王不得已的选择。

尽管分封是上述朝代的隐患之一,但毕竟这些王朝(帝国)延续了很长时间，远非秦朝能比。如果秦始皇现实一点，例如不要一上来就制订万世传承计划，而是考虑如何巩固新政权（主要靠武力拓展的疆域，岂能不考虑这个问题），以及认为周朝的延续时间已令人赞叹，并效法周朝，说不定也能使秦朝延续百年以上。

②业务计划、财务计划和人事计划。这是从职能角度分类；业务计划是组织的主要计划。

③战略计划与战术计划。战略计划的特点是长期性和整体性。在有的情景中，环境是瞬息万变的，战略计划的时间跨度自然不必在5年以上。在当今多变的商业环境中，企业战略计划的时间跨度会大大缩短，可能只有传统的中期计划的时间跨度。战术计划是战略计划的落实。

（6）计划制订过程

①认清现在：识别问题和机会。

②研究过去。

③确定目标。

不能盲目地确定目标，确定目标不能没有依据，所以须先认清现在和研究过去，再确定目标。确定目标也是决策工作的主要任务。

④预测并有效确定计划的重要前提条件。

⑤制订备选计划。

⑥评价和选择可行计划。

⑦制订派生计划：由各个职能部门和下属单位围绕基本计划或整体计划制订一系列派生计划，以辅助基本计划的实施。

⑧编制预算，用预算使计划量化：即确定花多少钱，做什么样的事，达到怎样的效果。

计划（职能、内容）与决策（职能、内容）有重叠部分，通过决策确定目标和方案后，即可制订行动计划。

［思考题］[①]

我擅长做计划吗？对下面的每个问题只需回答是与否。

---

① 良好的计划人员给出的可能答案是：第②和第⑧题的答案为“否”，其余的为“是”。

①我的个人目标能以文字的形式清楚地说明。

②多数情况下我的状态总是乱哄哄和杂乱无章的。

③我一直都用台历或约会簿作为辅助。

④我很少仓促做出决策,总是仔细研究了问题之后再行动。

⑤我用“速办”或“缓办”文件夹对要处理的文件进行分类。

⑥我习惯于对所有的计划设定开始日期和结束日期。

⑦我经常征求别人的意见和建议。

⑧我想,所有的问题都应当立刻得到解决。

8.2 实施计划

实施计划的常用方法有目标管理和滚动计划法。

8.2.1 目标管理

目标管理方法由美国管理学家彼得·德鲁克于1954年提出。

8.2.1.1 目标管理的基本思想

目标管理是一种程序,把组织的目标分成总目标与分目标。必须为组织的任务设定目标,管理人员通过这些目标领导下级,并以此保证实现组织的总目标。可以用要达到的目标为依据,进行自我指挥、自我管理,而不一定都需要上级的指挥和控制。目标管理的精髓是强调自我控制。流程控制与此类似,不需要上级下达指令。管理人员对下级考核和奖惩也依据这些分目标。

8.2.1.2 目标的性质

(1)层次性。制定目标时,可将组织的总目标分解为各个层次的分目标,使目标纵向衔接,层层保证。目标是由底层到高层逐一完成与实现的,最上层的目标难度最大,它建立在下层目标实现的基础之上。

(2)网络性。目标并非都是线性的、序贯而行的,可能是多个目标并存;相互制约和协调。一个组织的各个部门在制定自身的部门目标时，不能只求自身利益或价值的最大化，须与其他部门的目标协调，为组织整体利益或价值的最大化努力。

(3)多样性。例如对一个项目而言，项目目标往往不是单一的，而是一个多目标系统。人们希望通过实施一个项目，实现一系列的目标，满足多方面的需求。很多时候不同目标有冲突，因而实施项目的过程就是多个目标协调的过程，有同一层次目标的协调，也有不同层次总目标和子目标的协调。

(4)可考核性。为了实现可考核性，须将目标量化，但量化是一件有利有弊的事情，例如为了量化而做大量额外的文案工作。索尼公司的“绩效主义”(索尼走下坡路的一个原因)就导致员工花费很多精力填报绩效数据，反而对待实际工作马马虎虎。企事业单位的各种评估(包括上级的评估)工作也让这些单位的员工要花费大量额外的精力做许多文案工作，导致怨声载道，乃至影响正常工作。一些单位为了获得某些资质或证书，也不得不完成大量的量化文案工作。

(5)可接受性：可接受性包括可实现性。

(6)富有挑战性或先进性：目标要有一定的高度和难度。人们常用“跳一跳，够得着”形容目标的挑战性和可接受性。

(7)信息反馈：让员工时时知道组织对自己的要求，知道自己的贡献情况。设定了目标，再加上反馈信息，就更能改善员工的工作表现。

也有人用SMART这个拼写归纳目标的性质：Specific(明确的)、Measurable(可衡量的)、Attainable(可实现的)、Relevant(相关的)、Time－bound(有时限的)。

案例

用智慧战胜对手——目标的可接受性与挑战性

日本一位名不见经传的运动员山田本一在东京国际马拉松邀请赛中夺得冠军，当记者们问他为何能取得如此好的成绩时，他说：用智慧战胜对手。当时许多人都认为这个偶然跑到前面的选手故弄玄虚，马拉松赛是体力和耐力的运动，用智慧取胜似乎有点勉强。

两年后山田本一在意大利国际马拉松邀请赛中再次夺得冠军，记者们又请他谈经验。山田仍是上次那个回答，人们对他说的智慧迷惑不解。10年后这个谜终于被解开了。

山田本一在他的自传中是这么说的：每次比赛前，我都会乘车把比赛的路线仔细看一遍，并把沿途比较醒目的标识画下来。例如第一个标识是银行，第二个标识是一棵大树，第三个标识是一幢红房子……这样一直画到赛程的终点。比赛开始后我就以百米赛跑的速度奋力冲向第一个目标；到达第一个目标后，我又以同样的速度向第二个目标冲去……40多公里的赛程就这样被我分成几个小目标跑完了。以前我不懂这样的道理，我把目标定在40多公里远的终点线的那面旗帜上，结果我跑到十几公里时就疲惫不堪了，我被前面那段遥远的路程吓倒了。[①]

8.2.1.3 目标体系组成

目标体系由目标、衡量目标实现的指标、应该实现的指标值和实现目标的时间表组成。

8.2.1.4 目标管理过程

(1)制定目标。

(2)明确组织的作用。

(3)实现目标。

(4)评价成果。

(5)奖惩。

(6)制定新目标并开始新的目标管理循环。

8.2.2 滚动计划法

波拿巴·拿破仑说：无法修正的计划是一个糟糕的计划。滚动计划法是一种辅助实施计划的方法，用于持续修订计划。

① 单凤儒，金彦龙．管理学——互联网思维与价值链视角[M]．北京：高等教育出版社，2015．

8.2.2.1 滚动计划法的基本思想

滚动计划法是指用“近细远粗”的办法制订计划。细化近期计划，增强了计划的准确性和可操作性。对远期计划制订一个粗略的框架，确定大致的方向。随着时间的推移，情况（环境和计划执行情况）发生变化后，或者计划者能更清晰、准确地预测判断未来的情况后，再细化或修订当初的远期计划。每次修订都使整个计划向前滚动一个阶段。滚动计划法是实施计划的另一种方法。具体如图 8—1 所示。

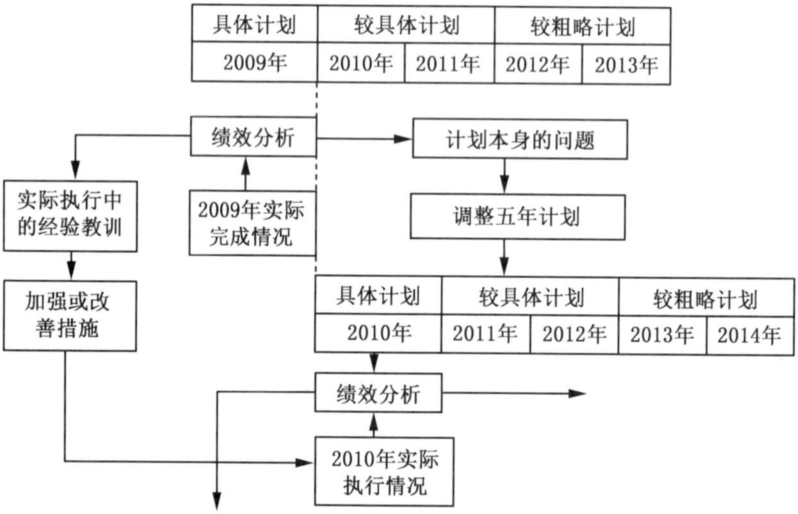

图 8—1 滚动计划法应用举例

8.2.2.2 对滚动计划法的评价

容易预测和判断近期的情况，制订的近期计划就比较切合实际。使近期计划与远期计划相互衔接，或者说使短期、中期、长期计划相互衔接。大大增强了计划的灵活性，到适当的时间再细化计划，而不是过早地固定计划，这在环境快速变化的时代尤其重要，能增强组织的应变能力。

8.3 控　制

法约尔说:“在一个企业中,控制就是核实发生的每一件事是否符合计划、指示以及原则,其目的是指出计划实施过程中的缺点和错误,以便纠正和防止重犯。”

控制是指依据计划,检查、衡量计划的执行情况,并根据偏差调整活动,使其按计划进行;或调整计划,使计划与活动吻合。控制是管理者监督和规范组织及其成员的各项活动,以保证各项活动按计划进行,并纠正各种重要偏差,使组织成员有效地执行实现组织目标所需行动的过程。

案例

哈勃望远镜的“近视眼”

经过 15 年的精心准备,耗资超过 15 亿美元的哈勃太空望远镜在 1990 年 4 月发射升空。哈勃升空后,美国国家航天管理局发现望远镜的主镜片存在缺陷,导致成像模糊。望远镜对遥远的星体无法像预期的那样清晰地聚焦。让人觉得悲哀的是,如果多一点控制,这是完全可以避免的。

镜片生产商 Perkings-Elmer 公司在镜片生产过程中,对进行检验的一种无反射校正装置没有设置好,出现了 1.3 毫米的误差,导致镜片研磨、抛光错误。但是没有人发现这个错误。

具有讽刺意义的是,镜片的粗磨在 1978 年就开始了,直到 1981 年才完成抛光。此后由于“挑战者号”航天飞机失事,完工后的望远镜又在地上待了 2 年,NASA 有充足的时间发现望远镜的错误。美国航天管理局调查委员会的负责人说:“至少有 3 个明显的证据说明问题的存在,但这 3 次机会都被忽略了。”

此例说明:对一件事情而言,无论其计划做得多么完善,如果没有好的控制系统,在实施过程中仍然会出问题。

案例

我国火箭兵掂出少 4.5 克火药,挽回几十亿损失

火工品测试是火箭动力系统操作手张枫的工作重点之一。手表盘大小的

火工品分散在动力系统中，执行发动机点火，一、二、三级间的箭体分离等关键指令。张枫来到技术室的12年里，已经测试、安装了7 000多发火工品。7 000多次测试安装中，例外只发生过一次。

2013年6月26日，一次重大的航天发射任务前夕，张枫像往常一样负责火工品的测试工作。他拿起了一枚火工品，按照流程，张枫把它凑到耳边轻轻摇晃了一下，没有听到声音。他又小心地把药盒掂在手里，感觉有些轻，当时他觉得药盒应该没有装火药(如果一个人在做这样重要的工作时，思想开小差，或心不在焉，结果又会怎样)。

此编号的火工品一旦有问题，就意味着火箭的第三级发动机无法启动，卫星不能准确入轨，国家几十亿元的投入将付诸东流，有关部门数年的科研成果将毁于一旦(因为卫星搭载了科研设备、测试设备，用于检验科研成果，所以这么说)。

1分钟后，张枫出现在动力指挥谢挺面前。谢挺立即叫来了技术骨干。他们经过精确称重发现，这枚火工品比标准火工品轻4.5克，而这正是应装药的质量。火工品被分解后显示，里面是空的。张枫消除了该试验任务的一起重大安全隐患，为国家避免了巨大经济损失。为此，他荣立个人一等功。

把责任都归诸外因是管理人员必须避免的态度。这种推卸责任的态度与追求卓越的态度恰好对立。追求卓越的管理人会用反求诸己的态度面对意外事件，他们认为自己对各种事情应有所控制(直接、间接控制)，必须对成败负责。然后再“择人而任势”(《孙子兵法》)，就像联想集团在金融危机中的做法，调整经营战略和重点，适当调整高层领导，应对金融危机。

2008年国际金融危机中的联想集团，由于采取了这种客观、积极、负责任的态度，较快走出危机的阴影。在应对危机期间，柳传志再度担任董事长，这一人事调整更主要的意义是发挥柳传志的精神领袖作用，激励整个集团渡过难关。

8.3.1 控制在管理中的作用

控制在管理中的作用主要有以下几个方面。

(1)检验作用。检验各项工作是否按预定计划进行，同时也检验计划的正确性和合理性。

(2)调节作用。在执行计划的过程中,修改原计划,并调整管理过程。

在工作中,控制可能被管理者甚至知名企业的管理者忽视。某餐饮公司是国内饮食行业的服务典范,然而其分店的“后厨门”事件(卫生条件很差)却使其形象大跌。而该事件中的卫生控制本是一个饮食企业最起码的工作。

2018 年以前的“××打车”不但努力完善客户体验,而且他们的服务本身就是一种令全球瞩目的创新。然而 2018 年夏天,在不到 100 天的时间里,两位女孩因乘“××顺风车”遇害,有人因此给此项服务取了个新名字:“××”畏(过去一种农药名称的谐音)。

上述两个典型案例,或者说知名度比较高的案例,都涉及企业运营的控制。不谈某餐饮公司卫生条件的控制与改进,“××打车”服务致顾客身亡的根本原因是其对注册驾驶员的筛选有漏洞。说“漏洞”也许还减轻了该公司的责任,实际上,该公司的管理者们明明知道这些问题的存在,却不控制和改进。例如 2018 年 9 月 6 日,上海人民广播电台的“990 早新闻”在报道“××顺风车”司机为逃避检查,撞死一位清洁工的案件时指出,该司机不具有本地户口,根本就不能在本地注册成为“××顺风车”司机。

这样的情况在“××”经营系统中并不少见,然而在一年多的时间里(从有关规定出台到上述新闻报道日期),该公司并未清理这些不合要求的司机。公众自然有理由怀疑:该公司从经济利益出发,因而不进行相关控制和调整。企业不重视经营控制的结果很严重,2018 年夏天,“××打车”在网上简直成了过街老鼠。

由于恶性事件频出,“××”口碑断崖式坍塌,再加上监管日益严厉,2018 年下半年是其艰难的日子。投资人抛售股份,企业估值大跌,计划已久的 IPO(首次公开募股)也不得不暂时搁浅。安全丑闻缠身的“××”终于尝到了严重的恶果,而这正是其不重视经营控制、甚至故意弱化控制的结果。它的这一经营思想和行为则源自唯利是图的思想。

“××打车”的案例还涉及企业伦理问题,包括公众质疑其“大数据杀熟”。过分强调经济利益,短视,忽视运营控制,忽视商业伦理。古今中外(国外的反面案例也数不胜数)企业的这些通病会使昨天熠熠生辉的明星企业,今天忽然成为万人唾骂的对象(例如几年前的多家乳品企业)。

2016 年百度的“魏则西事件”,2018 年某租房网的“甲醛房”事件,它们都是惹出人命的事件，同时也是企业因缺乏良好的商业伦理而故意忽视经营控制的事件，正如当时网民纷纷指责百度那样：只顾赚钱，没有担起社会责任。2018 年 9 月 11 日，上海人民广播电台的“990 早新闻”再次报道百度的负面新闻：仍旧是医疗机构的付费排名在搜索中得到照顾，浑水摸鱼的情况一直存在，搜索技术让位给客户的付费情况（在百度搜索引擎中，付费者至上，公平客观的搜索结果必须让位），相关的论坛帖子也被同样处理（像以前那样处理）。

目前，由于法律监管和制裁不能到位，百度就采用这种消极的应对策略：被曝光了，就处理一批搜索结果；对未被曝光的，百度就装作没事人似的。因此有人喊出：百度有风险，搜索须谨慎。被曝光的毕竟只是冰山一角，还有多少不合理的搜索结果在误导网民，至少目前百度还没有严格控制的意向。

8.3.2 控制与计划

计划是控制的前提，计划提供了控制标准，根据计划检验实施情况；控制是完成计划的保证。如果没有控制系统，不比较实际情况与计划目标，就不知道计划是否完成。计划和控制是密不可分的。

8.3.3 控制的过程

控制的过程，如图 8—2 所示。

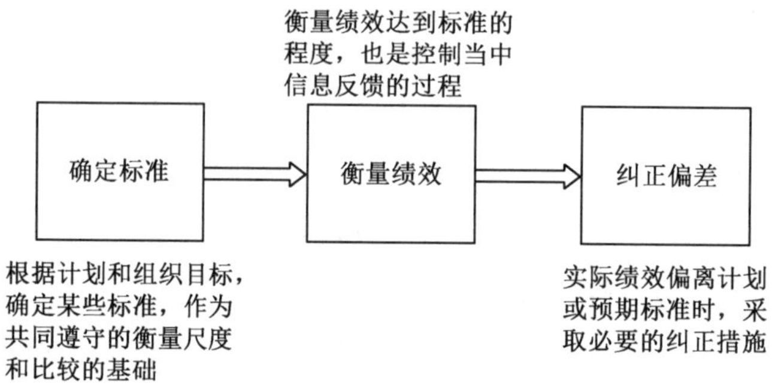

图 8—2　控制过程

8.3.4 控制的类型

(1)按照控制过程的三个阶段分类。有输入阶段(例如生产过程的输入阶段)的预先控制,又称前馈控制;转换阶段的过程控制,又称现场控制;输出(例如输出产品)阶段的事后控制,又称反馈控制(见图 8—3)。

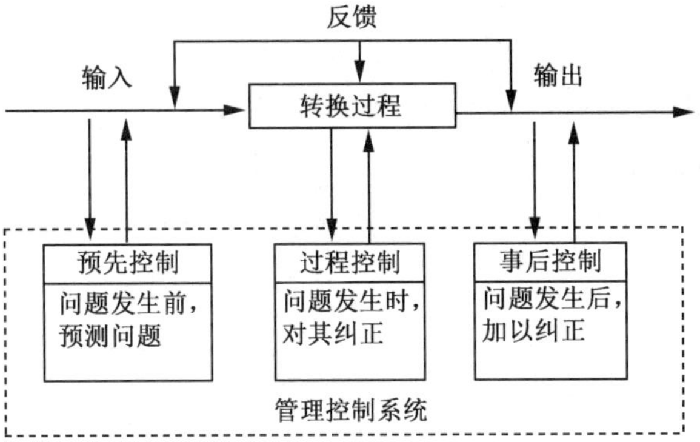

图 8—3 控制类型(按控制过程的三个阶段分类)

①预先控制也叫事前控制或前馈控制。预测问题,防止问题在转换过程中出现。图 8—3 中,在预先控制过程中通过改变输入调节结果。

②过程控制[①]——在生产或经营过程中,指导和监督活动中的人和事,在问题出现时及时采取纠正措施。本章最后第(5)项提到的走动管理也属于过程控制。土光敏夫出任东芝电器公司总经理之初,每天巡视工厂,遍访了设在日本的三十多家企业,终于使每况愈下的东芝重振雄风。希尔顿总公司董事长唐纳·希尔顿经常到设在各国的希尔顿酒店视察业务,专程检查希尔顿的礼仪是否贯彻于员工的言行之中。

使美国联合航空公司扭亏为盈的总裁卡尔森最重要的经验就是实行“看得见的管理”——四处巡查。他一年跑 20 万英里,每到一地,一下飞机就去工作现场与员工见面,检查工作业绩。赫赫有名的郭士纳接管 IBM 时采用了与卡尔森同样的策略,并且也同样的勤劳奔忙。与前者有差异的是:郭士纳的会面、

① 也叫事中控制、现场控制、同步控制或并行控制。

访问对象还包括众多的大客户，面对面了解大客户的需求和抱怨，以便确定如何改革 IBM 的经营方式和业务内容——例如改卖为租，以降低客户的一次性投资；提供整体解决方案。

然而在作者看到的一些企事业单位运营中，走动管理（也就是中国企事业单位的现场控制/过程控制）似乎不见踪影。

案例

上海某区一些公共汽车广播内容的低效设置

该区 13 路公共汽车的车站间距很短，也要一刀切地按照某部门的要求，使用普通话、英语、上海话广播。曾经提倡的减少广播噪音，多用电子屏报站的做法去哪里了呢？上海话难道靠公交车报站就能有效传承吗？

停靠某些站后，13 路还会连续三遍用上述三种语言广播该车的终点站。更可笑的是，某专线公交车停靠莲花路站后，下一站就是终点站，而且由于该线路是高速公路线路，到莲花路站后只下客不上客，它居然也跟 13 路一样，连续三遍用三种语言广播该车的终点站（还有这个必要吗）。其播报内容不仅包括终点站，还包括“本线路途经高速公路，请系好安全带”等语句，而此时该车早就下高速公路了。

该专线公交车从另一个区进入该区后也反复广播“请给有需要的乘客让个座”，而且仍旧是用三种语言广播。可是该线路的这一行驶方向只在起点站上客，中途从不上客，他们的广播内容设置是多么的机械、官僚化。他们的操作者和管理者只强调要遵循上级管理部门的规定。作者向该专线公交车所属的该区公交公司反映过上述问题，他们就是这么答复的。

分析：如果该区公交公司的管理者能践行走动管理，经常乘坐该专线公交车、该区 13 路以及其他线路，不知道他们是否还会这样答复。

案例

大学教室的节假日管理欠缺

周末或假期，大学的一些教室灯火通明，可是里面只坐了一个或两三个学生，他们也许为了求清静。但这显然违背节约能源的公德，可是无人干预和管束，于是这种现象就这样很普遍地发生着，甚至亮着灯的教室里空无一人。如果有校领导或其他中层、基层管理者能在节假日也偶尔到教学楼走动走动，就会发现这类问题，就会安排教工（包括教学楼管理员、清洁工）约束学生的这种奢侈、浪费行为。

只要有员工，哪怕是在学生心目中权威不高的教学楼清洁工，上前劝告、讲明道理，大多数学生不会不听劝告，他们会离开人数稀少的教室，到学生较集中的教室学习。

作者仅仅从身边（亲历的）最近的许多例子中随意选取两个，以说明社会上走动管理的欠缺。另外，是否还有许许多多作者不了解的例子呢？当然，做得好的例子也不是没有，例如 3.4 节中的例子。

③事后控制也叫反馈控制，在计划完成后总结和评定等，可能具有滞后的特点，但可为未来的计划制订、活动安排以及系统的持续运行提供借鉴。

图 8－4 描述了上面三种控制类型的应用对象，即应用于哪个阶段的产品或哪些行动。危机管理在危机发生后被启动，属事后控制。

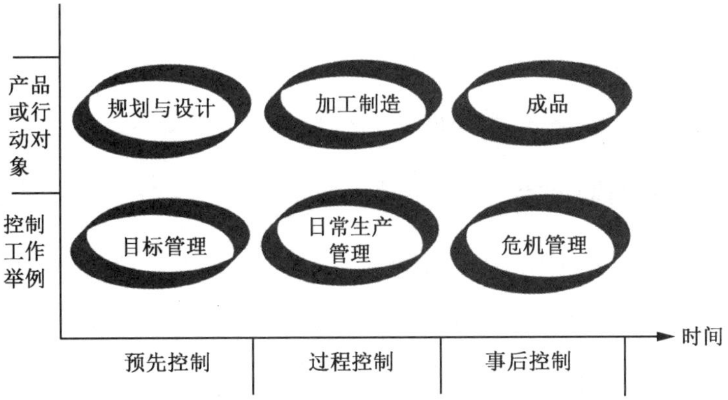

图 8－4　三种控制类型的应用对象

图 8－5 中，向下的主要是信息流，向上的主要是控制流。每一种控制既实现同阶段控制，也控制下一阶段。

（2）根据确定控制标准（Z 值）的方法分类。程序控制：Z 值是时间 t 的函数，即 $Z=f(t)$。按规定的时间执行规定的动作，而不管实际情况如何，不需

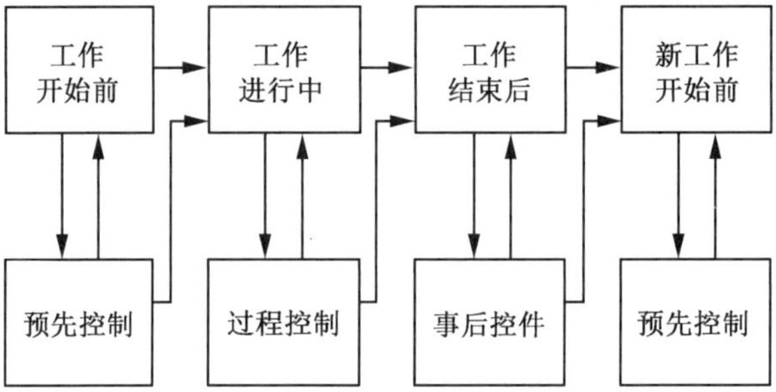

图 8—5　控制循环示意图

要执行机构或系统提供(即时)信息。

跟踪控制:Z 值是控制对象(受控对象)跟踪的先行(变)量的函数,若先行量是 W,则 $Z=f(W)$。

自适应控制:没有明确的先行量,Z 值是在过去的时刻或时期已达状态 Kt 的函数(值),即 Z 值是人们通过学习过去的经验而建立起来的。

最佳控制:控制标准(Z 值)是某一目标函数的最大值或最小值。

$Z=\max f(X,S,K,C)$或

$Z=\min f(X,S,K,C)$

函数包括输入变量 X、传递因子 S 和 K 及附加参数 C。

8.3.5　控制的方法

控制的方法包括统计分析、审计、观察、走动管理、阅读报告、比较。统计分析包括分析市场占有率①、投入产出比率、销售利润率、投资回报率等指标;比较方法包括横向比较、纵向比较。控制方法还有预算控制、作业控制。

不过预算方法的地位正在减弱。现在不少公司认为,预算控制会淡化战略意识,不利于企业业绩持续提高,编制预算耗费很多时间与财力。有些跨国公司已放弃使用年度预算,改用同步计划过程。

① 与产品瑕疵率、返修率、退货率、顾客满意度等评价公司业绩的非财务指标日益重要。

第 9 章　关于管理人员的人力资源管理

人员配备任务主要是为岗位配备适当的人，为人安排合适的岗位。

考察人，配备人，培养人，吸引人，留住人。这是做人力资源管理时须持有的理念。美国钢铁大王卡内基曾经说：“你可以剥夺我的一切，资本、厂房、设备，但只要留下我的组织和人员，四年后我将又是一个钢铁大王。”看到这句话，有的读者可能会想到可口可乐公司前总裁伍德拉夫曾经说的话：“即使可口可乐公司在一夜之间化为灰烬，凭着可口可乐的品牌，可口可乐仍会在很短的时间内重建帝国。”

卡内基和伍德拉夫确实都道出了他们各自公司最重要的资源。钢铁行业虽然也有品牌的概念，但高质量产品的生产、新品种开发、按时完成生产任务，最终要靠优秀的员工（包括优秀的管理人员）实现。而可口可乐的长盛不衰尽管更多地依靠其品牌，依靠消费者对其特殊的感情，但也要靠该公司优秀员工（包括优秀管理者）的有效营销。

牛根生离开伊利后，能够把新公司蒙牛发展到一度超越伊利，一个重要原因就是伊利的一批得力干将投奔他而来，带来技术，带来经营管理能力，甚至带来资金，更重要的是带来斗志，带来必胜的信念。当时这样的局面正是牛根生重视人才、管理以人为本、“财散人聚”理念的结果，用通俗的话说，就是重义气、讲人情的结果。

人员配备程序一般是确定人员需求量，选配人员，制订、实施人员培训计划。

人员配备原则主要有：因事择人原则（首要原则），因材器用原则，人与事的动态平衡原则。

既不要人浮于事，有些人无所事事；也不要人手不够，事情堆积，导致员工抱怨。还要注意员工的能力与工作要求匹配，既不要招聘过高水平、过高层次的员工，导致人力资源成本大增；也不要图节省开支，招聘的员工难以胜任工作，导致工作质量下降，错误频出。注意诸如此类的平衡。

9.1 选聘管理人员

［思考题］

招聘公司的面试通知要求你写一份不超过30个字的个人简历，你能完成吗？①

9.1.1 对外招聘管理人员

外部招聘的优点：(1)选择范围广。(2)企业需要创新，缺乏外部思想不利于创新，而外部招聘可带来外部的“新鲜血液”。

案例

有一段时间，本田公司销售部经理的观念与公司的精神相距太远，而且他的守旧思想已严重影响其团队。本田先生想到，必须找一条“鲶鱼”来，尽快打破销售部维持现状的沉闷气氛。经过努力，本田先生聘来了年仅35岁的武太郎做销售部经理。武太郎凭着自己丰富的市场营销经验和过人的学识，惊人的工作热情和毅力，得到销售部全体员工的好评；员工的热情被极大地调动起来，

① 有一个应聘者是这样做的。他画了一个应该是以他自己为原型的卡通人物。最上面是他的名字，然后是一个巨大的脑袋，脑袋顶部是开放的，用一大片电脑芯片画成了原始森林的样子，旁边写着Computerized Mind。左手拿着画板，写着Photoshop Skiller；右手举着一叠报告，写着Report Expert。中间的领带处别着个话筒，上面写着Good Presenter；心脏的位置画了一颗奇形怪状的心，写着Creative Heart。脚穿锃亮的皮鞋，穿着毫无褶皱的西裤，旁边写着Detail-cared……

还有应聘者画了一个大转盘，写出自己的几个特质；有的在一条时间轴上写了自己做成的几件大事；还有的剪切了自己参加过的活动中的几幅作品粘到简历上……

销售部的活力大大增加。

(3)避免内部纷争。

(4)企业处于经营困境时，从外部招聘总经理等高管常常能挽回市场对该企业的信心，例如股价回升，销量上升。

外部招聘的不足：受聘者不熟悉组织内部情况，适应期较长；组织对受聘者了解不深，有可能错聘；经常外聘，易挫伤内部人员的积极性。

企业的大股东、董事对企业的控制力越强，该企业从外部招聘管理人员尤其高管的概率越大，因为股东们希望避免内部人控制情况，而且股东们也更有实现这一意愿的权力；反之，股东控制力弱，内部提拔的可能性更大——高管(职业经理人)们可能希望培养自己的力量，增强自身的控制力和执行力，而内部员工更可能满足他们的这一需求，因为相互熟悉，并且更可能有感情基础和共同利益。

案例

一些知名企业的招聘方法

英国人寿保险公司会组织应聘者参加一个自助餐会，该公司的员工也会参加。让应聘者在餐会中与该公司的员工自由交谈，结束后，由员工为应聘者打分。

壳牌石油公司则组织应聘者参加一个鸡尾酒会。

IBM不信任自称没有缺点的应聘者，也不欣赏不敢承认自己缺点的人。对口试或笔试中陈述自己的缺点这一必答题，应聘者不答，或把自己的缺点“技术处理”为优点，他们会被IBM排除。

微软公司的招聘者喜欢问怪题，例如：“为什么下水道的井盖是圆形的?”“怎样才能移动富士山?”其实应聘者能否说出正确答案并不重要，重要的是应聘者的答案反映了他们的综合能力——回答这些问题需要逻辑、推理及归纳能力。

奔驰公司面试时要求求职者当场写一封辞职信，通过辞职信中的辞职理由，奔驰公司可以更好地了解求职者的应聘动机。上交的辞职信还能增强员工的危机意识，使其更好地为公司服务（类似的做法有：新加坡国有企业董事会成员中的国家代表，在接受聘书的同时要写一封辞职信，签好名字空着日期，交给政府董事委员会。政府在认为此人不再胜任工作时，可代为填写日期将其辞退）。

日产公司会请应聘者吃饭。日产公司认为：吃饭迅速一方面说明其人肠胃功能好、身强力壮，另一方面说明其人往往办事风风火火、富有魄力，而这正是本公司需要的。招聘者一般会“好心”叮嘱应聘者慢慢吃，吃完后再到办公室接受面试。那些慢吞吞吃完饭者得到的都是不录用通知单。

亚马逊书店的招聘者喜欢跟应聘者拉家常，问一些看似与面试无关的问题。例如：“你的父亲和母亲谁在家里对大事做决定比较多？”“你在家做不做家务？”“平常在家喜欢干什么？”招聘者通过这些轻松随意的问题，考察应聘者的反应能力、知识水平、素养、品德等。不过这些问题涉及他人隐私，有失礼貌。应聘者是来应聘工作的，跟他们在家里的情况并无很强的关联性。很多人，包括小孩子，在家里的表现和在公共场合（例如公司、学校）的表现截然不同。[①]

9.1.2 在内部提拔管理人员

内部提拔的优点：有利于调动积极性；被聘用者的适应期短；不易错聘；节约时间和费用；有利于吸引外部人才。由于较多地采用内部提拔，虽然对外招聘的多为基层（管理）岗位，外部人才需要从基层工作做起，但他们觉得有奔头。例如受聘到华为公司工作的一些博士可能也须从基层工作做起，但只要是金子，总会发光的。

内部提拔的不足：可能会加剧内部纷争；新上任者面对的是“老人”，较难建立自己的领导威望；可能会造成“近亲繁殖”。

（1）“近亲繁殖”的表现和危害。大量的内部提升可能导致被提拔的管理者

① 朱雪芹．管理学基础[M]．北京：机械工业出版社，2018.

继承前任不好的风格和做法。被提拔者可能是公司内某些有权力的人的亲信，他们可能互相提携，形成派系，维护与加强其小集团的利益，对组织产生不利影响。例如人浮于事，降低组织的运营效率，阻碍组织的合理改革，为了小集团利益而损害整体组织的利益。

(2)科研机构里的“近亲繁殖”。较多的毕业生留校或留在其求学的科研单位工作后，年轻学者很可能会因循其导师的研究思想和思路——可能是主动地或不自觉地因循，也可能是被迫跟随其导师的研究思想、研究思路和研究规划。由于没有新的思路、观点融入这些研究团队或科研单位，其研究难以获得突破性进展，会产生研究“瓶颈”，一直在一定的范围内徘徊，甚至进入研究的“死胡同”。认识到这些危害后，各高校现在较少留用自己培养的研究生。

真正的优秀人才始终是稀缺的，企业从外部引进高端人才支持企业成长，只能起到补充的作用，关键是企业要能够在内部培养出未来的顶尖专业人才、优秀的管理者队伍，以及未来的经营人才，这是企业人力资源管理面临的最大挑战。在一般情况下，内部提升应作为主要方式；隔一段较长的时间，可以外聘一些管理人员。对内部提升或外部招聘都须引入竞争机制。现在我国已有不少组织在采用内部提拔方法时，常常使用内部竞聘的手段，包括竞聘演讲、宣讲经营管理方案等。

上海一些高校选拔晋升高级职称的方法可以作为其他单位在内部选拔管理人员的参考。这些没有博士点的高校需要把申报高级职称的材料由上海市教科院发往该市各有关单位，请专家们盲审。盲审通不过，申报人当年的申报流程就终止了。通过的话，再由申报人的单位择优给予高级职称。

上述方法的顺序很重要，先外审、盲审，再内审。这种评审流程确保了所有申报者在第一个环节能获得公平机会。尽管市级层面的工作量大了很多，但从公平合理角度和选拔人才的角度看，这是值得的。

外审通过的名单回到各高校，再由各高校进行内审，最大限度地保证了评审的客观公正。

行政单位、(国)企事业单位可借鉴上述选拔方法,而且在第一个环节,往往有上级的统一机构负责外审、盲审事宜。实际上民营、外资企业也可借鉴上述方法,在第一个环节可借助行业协会的力量。对其他机构可按类似方法操作。

9.1.3 选聘管理人员的标准

9.1.3.1 正直、诚信

图 9—1 显示了选聘管理人员的主要标准。有人可能对正直、诚信这类选聘标准不以为然,认为管理者关键得有较强的才干,有实际的本事才行,品德又不能当饭吃。其实不然,例如《红楼梦》里王熙凤的所作所为说明:一个有才干的人,如果缺乏道德底线,其行事是不择手段的。

选聘管理人员的标准,如图 9—1 所示。

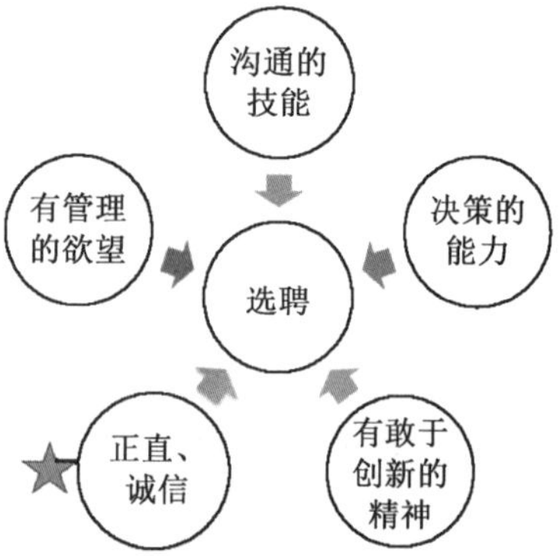

图 9—1 选聘管理人员的标准

案例

王熙凤不计后果的报复

只举"凤辣子"对待尤二姐这件事,其处理方式一点儿也不顾全大局。王熙凤为报复,安排人找到张华,叫他到官府告贾琏破坏别人的家庭并停妻再娶。贾琏的"重婚罪"虽然没被正式立案,但也因此花了不少银两,并从此在家族中抬不起头，自然对王熙凤恨之入骨。[①]

在这里，且不谈道德问题，王熙凤显然犯了内部矛盾外部化的错误，并违背了“家丑不可外扬”的古训。贾琏的这件事以后也成为贾府被抄的一大罪状。王熙凤还“弄小巧用借剑杀人”逼得尤二姐自杀，把贾珍和尤氏也彻底得罪了，真的是不计后果。

这个情节中不少当事人的做法都是不道德的，不独王熙凤如此，但此情节却突出描绘了像王熙凤这样有才干的人，其没有底线的所作所为是多么可怕。

对高层管理职位而言，就任者的品德更是重要。高层管理人员掌握的资源很多，身边和外部的诱惑也很大，德行差的高管很容易堕落。

之所以说居高位者更需有德行，还因为他们可以把其善的功效无限放大，泽被大众；反之，他们也可以把其恶的破坏力无限放大。

所以选聘管理人员，尤其选聘高级管理人员时，应遵循德才兼备、以德为先的原则。在国有企业中，党组织要认真调查候选人的背景，对候选人在品德、业绩、群众评价等方面提供具体意见，为董事会的用人决策提供支持。

9.1.3.2 人品和才干标准

选聘管理人员的标准中的两个主要因素是人品和才干(例如图9－1中的决策能力和沟通技能)，下面是关于它们的分情形阐述。

(1)对人品好、才干强的人当重用之，而且要大胆放心地用。如刘备之于诸葛亮。

(2)对人品好、才干弱的人，应当培养、使用。人才是可以培养出来的，例如阿里巴巴的高管团队和华为的高管团队成员在很大程度上都是企业自己培养的，不是“空降”的。人品好但才能不强的管理者(指高层管理者)仍可以通过任用贤才获得巨大成功。人品好的管理者不会嫉贤妒能，并且能任人唯贤；反之则很难说了。有一篇短文在这方面很有启发意义。

① 本来是为了丈夫纳妾而吃醋，但行事的结果却是让自己的丈夫恨自己入骨。王熙凤这么精明的人不会没考虑到这个结果，但是她不管这些，因为她不容许别人有负于她，谁敢得罪她，她就要无情报复，并且不计后果。这样的聪明人，这样有才干的人是不是很可怕？

案例

刘邦论得天下之道

帝(汉高祖)置酒雒阳(即洛阳)南宫。上(高祖)曰:"列侯、诸将毋敢隐朕,皆言其情。我所以有天下者何?项氏之所以失天下者何?"高起、王陵对曰:"陛下使人攻城略地,因以与之,与天下同其利;项羽不然,有功者害(迫害)之,贤者疑之,此所以失天下也。"①

上曰:"公知其一,未知其二。夫运筹②帷幄之中,决胜千里之外,吾不如子房;镇(平定)国家,抚百姓,给饷馈(供给军饷),不绝粮道,吾不如萧何;连(联合)百万之众,战必胜,攻必取,吾不如韩信。三者皆人杰,吾能用之,此吾所以取天下者也。项羽有一范增而不用,此所以为我所禽(通"擒")也。"群臣说(通"悦")服。

本案例选自《史记・高祖本纪》,后人为这篇短文拟了一个题目,叫"刘邦论得天下之道"。

实际上刘邦自己也是一个大才,别的不说,就以他的这番论其得天下之道的话就可见,其见识非同寻常,超越众人。所以韩信说刘邦虽然只能带领十万兵卒,却是统领他们这些文臣、武将的人才。

(3)对为人有问题但才干强的人当谨慎利用、限制使用。国家、军队、企业等常常不得不任用这类人,但须加强监督。如果有有力的监督,刘志军、褚时健等可能不致犯那么大的错误。三国时司马懿也许有谋逆之心,魏国朝廷不得不用他的时候,不能不监督、防范;朝廷虽然是防范司马懿了,可是防范的手段(例如太露骨了,激怒司马氏,就算没有谋反之心也被刺激出来了)和效果(例如未从司马氏的夺权根基方面防范,可以采取调换相关将领的措施)并不好,所以让司马氏最终得手了。

(4)对人品不好、才干又弱的人当远离之,对无才无德之人坚决不用。不能因为感情因素而重用。例如历史上无数次出现的国君、皇帝重用无德寡才太监

---

① 项羽有时虽然表现得挺仁慈,但他的这些行为往往属于古人认为的"妇人之仁";或者出于沽名钓誉的目的,例如在"鸿门宴"中放走刘邦。所以毛主席在诗中说:宜将剩勇追穷寇,不可沽名学霸王。

② 策划用兵,指挥战争;在后方制订作战方案。

和奸佞官员的情形——就因为后者善于溜须拍马，揣摩透了皇帝的心思，说出的话、做出的事合皇帝的胃口，似乎是最贴心、最重视皇帝感情需要的人[①]。

9.1.3.3　贡献和能力标准

实际工作中还有一个常见问题：选聘管理干部的主要依据应该是其贡献还是能力？作者认为主要依据应该是候选人的贡献或成果。能力是一个抽象的东西，我们有时候看不准。

例如马云曾经以为当阿里巴巴公司越来越大时，跟他一起创业的那些人难以胜任管理这个大公司的重要岗位。但实际情况是：阿里巴巴公司后来招聘的高级经理大多又离开阿里巴巴（没能融入该公司），反倒是阿里巴巴公司原来的那些管理人员成为该公司现在的高层管理人员。出现这种情况的原因除了这些管理人员的贡献，还有他们的忠诚。马云归纳出的另一个原因是：这些管理人员随着阿里巴巴公司的成长而成长，因而最终能成为这个庞大公司的合格的高层管理人员。可见，人的潜力是无穷的。

在对待这两个标准方面，在某种程度上被中国人奉为神明的诸葛亮也犯过错误：即派马谡守街亭。马谡确实“才器过人”，是个好参谋，诸葛亮在“七擒孟获”、平定南方的过程中就采纳了马谡的“心战为上，兵战为下”的策略。在派谁守街亭这个决策方面，诸葛亮误判了马谡的能力，把一个参谋当主将用。谁知马谡并无主将之能，只是另一个赵括，而且在实战中既违背主帅的规定，又听不进副将的劝谏，刚愎自用。

所以说，马谡失街亭，罪在马谡，过在孔明。诸葛亮在没有看到马谡拥有独当一面打大仗的经验和战功的情况下，就把守街亭这样关键的任务委派给马谡，显然主观地放大和延伸了马谡的“能力”。[②]

从另一方面看，有能力但不努力的人难以对组织做出较大贡献。但对这一点的认识也不可片面化，因为有能力但不努力的员工可能有其采取这种态度的

---

① 从另一个角度看，一些忠臣也可能忽略了其君主的感情和其他方面的需要，导致君主不愿意亲近他们，继而也听不进他们的忠言良谋。诸葛亮可谓忠心耿耿，可是感情牌打得不好，以至于刘禅见到他就害怕，不是间接地把刘禅往奸佞小人那边推吗？这一点对人们的沟通是有启迪意义的。

② 耳根也偏软，经不住马谡再三请缨。并且这里面还有一个徇私情的问题——诸葛亮与马谡的交情非同一般，可能心里也希望马谡能建功立业。

原因，这个原因也许是其所在组织的原因。例如企业文化不温馨和谐，激励制度不科学合理，企业使命不公正积极。高层管理者应消除这些消极因素，为有能力的人创造激发他们努力工作、积极奉献的环境。

选聘管理干部时，既要重视贡献，也不能忽视考量能力——参见 9.4 节中关于彼得原理的阐述。

对一个公司而言，选择接班人更是一个战略大计。对接班人事项还应看得更宽一些，即公司首脑遇到突发情况后，如何确保公司的平稳运营。

另外，还有更极端的情况。如果公司首脑突然离世，其身后的公司又当如何经营下去？一个企业家，哪怕是很年轻的企业家，不得不考虑这个“万一”的问题。有一些企业家很早就开始思考这个问题，物色接班人，就如同封建君主继位不久就开始考虑立嗣的问题那样。这是很有必要的，一个负责任的领导应该这么做，在古代，如果君主迟迟不立嗣[①]，忠臣们就开始焦急不安，继而纷纷进谏了。

9.2 考评管理人员

9.2.1 考评内容

考评内容包括工作成果的考评和工作能力的考评。

工作成果的考评既是对本级管理人员的考评，也可看作对上级的考评——上级选聘、领导、指挥的效果。

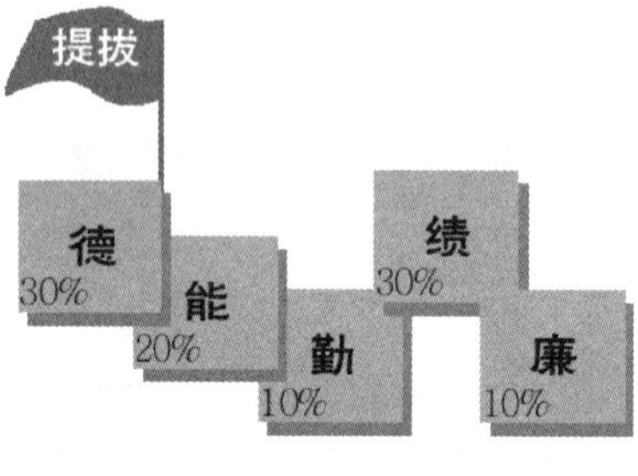

在考评管理人员的工作成果时，适当注意将其个人成果与部门成果区分开，这样才比较公平。一般而言，在公司上升期，部门或团队精干有力时，集体的成果自然较好；公司的整体业绩处于下降期，部门的成果不免较差。此时部门绩效与管理人员的贡献或成果

① 在封建时代，立嗣与修陵一样重要——对君主而言。

不一定有必然的联系。

考评者常常就以下五方面考评管理人员。

德:考核员工的思想政治表现与职业道德。

能:考核员工的工作能力,主要包括基本业务能力、技术能力、管理能力与创新能力等。

勤:考核管理人员的工作积极性和工作态度。

绩:主要指工作业绩,包括可以量化的刚性成果和不易量化的可评估成果。

个性:主要评估管理人员的性格、偏好、思维特点等。管理人员的个性和管理风格会影响其个人的业绩,也会影响部门或单位的运营。可能是有利影响,也可能是不利影响。乔布斯曾经的暴躁脾气、独断专行让员工(包括管理人员)不安,改善后的管理风格,让员工敬服;乔布斯也善于用激励方法促进员工的绩效。

9.2.2　考评要求

(1)最基本的要求是必须坚持客观公正的原则。

(2)要建立由正确的考核标准、科学的考核方法和公正的考核主体组成的考核体系。12.3.1 小节中的英国私人商船运输囚犯到澳洲开发殖民地的故事,既阐述了正确的激励方法,即有效利用制度设计,也阐述了如何正确设计考核方法。

(3)要实行多层次、多渠道、全方位、制度化的考核。须定期考核,不要时有时无;考核要有章法,不要随心所欲。

(4)要注意正确运用考核结果,例如向被考核者提供反馈。

9.2.3　考评程序

(1)制订考评计划。

(2)制定考评标准,设计考评方法,培训考评人员。不要忽视培训工作,如果考评人员对考评方法不太了解,对考评标准把握不太准确,必然影响考评结果。

(3)衡量被考评对象的工作,收集信息。

(4)分析考核信息，做出综合评价。

(5)运用考评结果。在有关管理人员的晋升、加薪、奖惩、培养、轮岗、工作调动等决策中，把上述考评结果作为依据之一。

9.2.4 常用考核方法

(1)实测法。

(2)成绩记录法，平时就要记录。

(3)书面考试法。

(4)直观评估法。

(5)情景模拟法——模拟一个工作场景，考察被考核对象在该场景中的表现。

(6)民主测评法，即由组织的人员集体打分评估。

(7)因素评分法，即分别评估被考核者的各项考核因素，为各因素评分，然后汇总，确定考核结果。

寓言

花园管理

一个人买了幢带大院的房子。他一搬进去，就把院子全面整顿，杂草、杂树一律清除，改种自己新买的花卉。某日，原先的屋主到访，进门后大吃一惊，问："那最名贵的牡丹哪里去了？"这人才发现，他竟把牡丹当草铲了。

后来他又买了一幢房子，虽然院子更杂乱，他却按兵不动。果然，他在冬天以为是杂树的植物，春天里开了繁花；在春天以为是野草的，夏天里成了锦簇；半年都没有动静的小树，秋天居然红了叶。直到暮秋，他才基本上认清哪些是价值不大的植物，并加以铲除。

案例

且慢下手

公司调来一位新主管，据说是个能人，专门被派来整顿业务。可是日子一天天过去，新主管毫无作为。那些本来紧张得要死的"坏分子"现在反而更猖獗了。他哪里是个能人！根本就是个老好人，比以前的主管更容易蒙。

四个月过去了，就在勤奋的员工对新主管感到失望时，新主管却发威了——“坏分子”一律被解聘，能人则获得晋升。他下手之快，断事之准，与四个月来表现保守的他，简直像换了个人。

这位主管事后先给下属们讲了上面的寓言，然后总结道：“借用花园管理的寓言，如果说我们的部门是个花园，你们就都是其中的珍木。珍木不可能一年到头开花结果，只有经过长期观察才认得出。”

案例

“懒蚂蚁”

日本北海道大学进化生物研究小组观察、研究黑蚁的活动。他们发现：大部分蚂蚁都很勤快地寻找、搬运食物，但每一组被观察的蚂蚁中都有少数蚂蚁整天无所事事，东张西望。研究人员把这些蚂蚁称为“懒蚂蚁”，并在它们身上做了标记。

在后续的研究中，研究人员断绝了蚁群原来的食物来源。这时，那些平时工作很勤快的蚂蚁表现得一筹莫展，而“懒蚂蚁”们则“挺身而出”，带领蚁群转移到它们早已侦察到的新食物源处。

（资料来源：孙世强，胡发刚. 管理学思想·案例·实践[M]. 北京：人民邮电出版社，2017.）

案例

晏子治理东阿

很多人都知道晏子是一位不错的官吏，综合他的智慧、业绩、勤俭（例如在家庭生活方面）、勇毅和忠诚（例如对待持杀伐大权的奸臣和对待国君方面），作者甚至认为他的垂范后世之风可直追其前辈管仲。

然而这样一位名臣在治理东阿三年后，在朝廷的考核中却不合格，还被齐景公严厉批评了一顿。真的是晏子无能吗？当然不是，他后来用完全相反的指导思想管理东阿，结果考核中获得一片好评，齐景公也向他祝贺。

此时，晏子揭示了真相。前面的三年治理中，他秉公办事，不受贿、行贿，也不讨好朝中官员，结果在“360 度考核”中得了一个差评。当然，这个“360 度”不包括老百姓。后来，晏子反其道而行，地方、朝中官员都给他好评。齐景公恍然大悟。

虽然上述案例是春秋时代的案例，但在当今的企业考评中难道没有类似的情况吗？因为类似压力的存在，一些管理者也不得不采用晏子后两年的策略。对此，负责考评事项的管理者不能不引以为戒。

9.3 培训管理人员

9.3.1 培训的意义

(1)有利于提高队伍的素质。

(2)有利于维持员工对组织的忠诚。关于企业文化、企业精神的培训(企业文化不仅在企业运营、业务流程中得到传播，也在员工培训尤其入职培训中得到传播)有利于维持员工的忠诚；员工由于获得提高、进步的机会而对组织形成忠诚感。

(3)有利于保证队伍的稳定。员工由于接受了免费的培训，而不好意思轻易辞职；有的培训附带长期服务/劳动协议。

9.3.2 培训方法

(1)工作轮换包括管理工作轮换和非管理工作轮换。工作轮换有利于人才保持开拓进取、不懈怠的最佳工作状态，专业、地区流动和岗位轮换有利于管理人员观念开放、眼光远大，有利于他们提高工作能力，可培养全面发展、具有整体观的管理人员。

不仅我党重视领导人员的轮岗制度，民营企业也重视此方法。例如华为公司有名的轮值首席执行官制度；阿里巴巴集团也很早就推行高管轮岗制度，以加强子公司间的协同。一些外国公司也同样重视，例如斯伦贝谢国际石油公司规定：该公司的国家或地区经理的任期一般为两年，最多五年，期满后该经理必须轮换到其他岗位，即使干得再好也要轮换。

(2)设置助理职务。可培训待提拔人员;可就近观察待提拔人员;可减轻领导负担。

就近观察的影响很大。美国某任国防部长通过就近观察一位将军,得到了不良印象,因而取消了关于他的晋升计划,并让他提前退休,尽管这位将军在海湾战争中表现突出。原因是这位将军当时在民航飞机上显得很傲慢,还搞特殊化,把下属军官看作仆人,却不知时任国防部长正与他同机旅行,并在暗中观察他。

我们在生活中也要经得住别人的就近观察。一位帅哥或美女其形象似乎应该人见人爱,但假如别人就近观察/近距离接触他们后发现他们无礼、缺乏修养(例如喧哗,餐桌礼仪不佳,太在意蝇头小利,喜欢占便宜),别人/观察者就会改变对他们的看法,对他们形成不好的印象。一个真正有修养的人即使在家里,包括与邻居相处时,以及一个人独处时都会表现出节制、守礼(古人提出"慎独"),这样的人才真正经得住就近观察。

其他培训方法还包括观看视频、计算机模拟展示、讨论、授课、自学考证(公司给予资助)、建立师徒制等。

9.4 彼得原理

只考察过去的能力,会出现彼得现象——被提拔者最终会爬到其能力不逮的阶层,即提升过头,因而犯错误,使组织和个人都遭受损失。人们常常有关注成功者的倾向,失败者(给组织造成损失的人)会被忘记,即使他有一定的能力,能胜任某些职务,也会被抛弃,所以说个人也遭受损失。设立代理职务、临时职务可避免彼得现象的产生,是检验某个管理人员是否具备担任较高职务的条件的一种可行方法。

代理职务较易撤销,而正式职务/任命较难撤销。因为上级管理者有更多的顾虑/阻力,例如要考虑人们(当事人及其周围的人)"能上不能下"的传统观念,为了顾及被正式任命的管理人员的面子,上级管理者更难下决心撤销此任命。

第10章 领　导

合理配置组织的资源是管理的组织职能，但运作组织的资源需要通过管理的领导职能完成。领导是指挥、带领、激励部下（追随者），为实现目标而努力的行为过程；领导职能是指管理者实施影响下属的领导行为。领导的本质是被领导者的追随和服从。

领导三要素：领导者必须有部下（追随者）；领导者拥有影响部下的能力；领导的目的是通过影响部下，达到组织的目标。

领导的发展限度取决于多高水平的人愿意成为他们的下属。显然，愿意追随某位领导的下属的水平越高，这位领导的成就往往越大。但一般说来，人们总是希望追随一个综合实力远高于自己的领导。那么，领导们始终须思考的问题就是：我的综合实力体现在哪里？在不断满足下属需求、下属不断提升自身实力的过程中，在实力方面，我该如何保持与他们的差距？

不过并非每位领导或老板都具有很强的综合实力或在某些方面有很高的水平，但这并不意味着他们就不能成为好领导。

华为公司总裁任正非谦虚地说："在时代面前，我越来越不懂技术、越来越不懂财务、半懂不懂管理，如果不能民主地善待团队，充分发挥各路英雄的作用，我将一事无成。""我的知识底蕴不够，也并不够聪明，但我容得了优秀的员工与我一起工作，与他们在一起，我也被熏陶得优秀了。他们出类拔萃，夹着我前进，我又没有什么退路，不得不被'绑'着、'架'着往前走，不小心就让他们抬到了峨眉山顶。”

10.1 领导与管理的区别

管理是在合法的、有报酬的、强制的权力基础上的行为过程。领导可能凭借上述基础，也可能不凭借它；可能被建立在个人影响力、专长权，以及模范作用基础之上。领导地位可能来自个人的热情、权威、诚信、知识、技能、魅力。

管理注重正式的规章制度，具有较强的刚性。领导侧重指挥与激励，侧重非程序化管理和艺术性，关注员工的需要、情感、兴趣、人际关系[①]等社会属性，强调灵活性。在企业经营领域，许多成功人士都把自己看作领导者，而不仅仅是管理者。

管理者是被任命的，拥有合法的权力，其影响力来自职位赋予的正式权力。领导者可以是被任命的，也可以是在一个群体中自发产生的，可以不运用正式权力影响他人的活动。

管理者、领导者可能合二为一，也可能是分离的。领导者不一定是管理者，而可能是非正式组织中有影响力的人。领导者既存在于正式组织中，也存在于非正式组织中；管理者是组织中有一定职位并负有责任的人，存在于正式组织中。领导是管理的一个方面，属于管理活动的范畴；管理还包括其他内容，例如计划、组织、控制、创新。

但两者的目标是一致的，都要实现组织的既定目标。两者也有较多的交叉与相容。

① 盖洛普(Gallup)公司调查数百万名雇员和数万名管理者后发现：对于雇员的生产率和忠诚，最重要的变量不是收入、福利或工作环境，而是雇员与其直接上司之间的关系状况。但是现实生活中许多雇员都对老板或上司相当不满意，抱怨上司不公正、小心眼、吝啬、言行不一，等等。常常带着不好的心情去上班，不愿意面对自己不喜欢的上司。如同小朋友因害怕老师而不肯上幼儿园或上学，因不喜欢某老师而不认真听该老师的课一样。因此，如果某个领导做得比较好，深得下属的心，就显得难能可贵，下属就愿意追随他“打天下”，外界的种种诱惑也难以使这位领导的下属“跳槽”。

10.2 领导者的作用

10.2.1 指挥作用

在组织决策方面起指向和决断作用。俗语说：兵熊熊一个，将熊熊一窝。用另一句话表达就是：没有无能的士兵，只有无能的将军。即使士兵们不够出色，只要将军对他们使用得当，指挥得当，也能打胜仗。所以又有一句话：千军易得，一将难求。法国的拿破仑也说：一头雄狮带领的一群绵羊可以打败一只绵羊带领的一群雄狮。

拿破仑的这句话是有道理的。关于非洲草原的视频显示：一只母狮碰到一只强悍的羚羊，会被追得四处逃命。羚羊也潜藏着巨大的战斗力——它的那对锋利的、致命的长角，以及被惹急后拼命的气概。坚强勇敢的斑马也可以把母狮压在身下，并用小铲子般的大门牙拼命咬母狮娇嫩的肚皮，使母狮瞬间失去战斗意志。

所以如果有一头雄狮带领，绵羊群也能爆发出巨大的战斗力。可是非洲草原上的绝大多数羚羊、斑马，甚至体型巨大的野牛，尽管队伍庞大，但缺乏强悍、勇敢的头儿带领，因此哪怕仅遇到一只母狮的捕猎行动，基本上只会作鸟兽散，拼命逃跑，却不知道自己的队伍蕴藏着多么大的战斗力。最后常常有一只老弱病残或跑得慢的，被母狮扑住了。①

京东发展之初，面对成立较早、资本雄厚的当当网、亚马逊和淘宝网等对手，其总裁刘强东就发挥了“雄狮”的作用，带领“一群绵羊”赶超这些对手并获得成功。

10.2.2 协调作用

在组织体系中起纽带及核心作用。对复杂的、涉及若干部门的综合性工作，要安排一个资深的领导居中调度，相关部门就可以把注意力集中到工作上

① 此处仅用动物界的情形比喻，企业经营在这方面的例子太多了，对同一家企业，不同的领导能经营出差距很大的结果。

去[1]。

10.2.3　激励作用

在组织行为方面发挥激励作用。组织里有一些人经常为困难发愁，情绪不高，这样的人多了，团队的士气就会低落，如果不能及时找到解决办法，就会出问题。在这方面，司马懿就是一个经验丰富的高手。在与强大的诸葛亮斗争的过程中，他摸索出一套切实有效的办法——长远的战略规划加上情绪管理，不断调整自己和下属的士气，率领魏军一次次渡过难关。

10.2.4　榜样作用

喊破嗓子，不如做出样子。其身正，不令则行；其身不正，虽令不从。

10.3　领导特质理论

10.3.1　传统的领导特质理论

领导特质理论也被称作伟人理论，是关于领导者的心理特质、影响力和领导效能的关系的理论。该理论认为，领导者是天生的，生而不具有这种特性的人就不能成为领导。

10.3.2　现代的领导特质理论

领导是一个动态过程，领导者的特质是在实践中形成的，可以通过训练和培养塑造。培养成功的领导者或自我培养成为成功的领导者的重要事项有以下几个方面。

(1)须充满热情，愿意不断超越。

(2)坚持正确的选择(选择的方向和人)。

(3)提高威信。

---

① 否则可能互相不服气、扯皮、争抢利益，等等。

(4)有效处理冲突。

(5)学会合理授权。

(6)加强执行力。

10.3.3　领导者不同于非领导者的特性

(1)努力进取,对成功强烈渴望。

(2)有领导愿望,喜欢领导别人,而不是被领导。

(3)正直与诚实 这并未得到广泛印证,并不是每个领导者都是正直、诚实的。

(4)自信,善于在不确定的情况中做出决策。

(5)智慧,有足够的聪明才智。

(6)有与工作相关的知识,一个有效的领导者对其公司、行业和技术问题有足够的了解。因而当今不少企业家的专业素养很高。

还有人把领导者的品质(或者说领导者需要具备的品质)总结如下。

Long-sighted——有远见的;

Energetic——精力充沛的;

Attractive——有魅力的;

Decisive——决断的;

Executive——有执行力的;

Responsible——负责任的;

Solvable——善于解决问题的;

Harmonious——注重和谐的;

Innovative——有创新能力的;

Persuasive——有说服力的。

把上面几个单词的首字母放在一起就是领导能力(LEADERSHIP)。

以下是几个领导特质的案例。

案例

乔布斯的魅力

1997年1月初,Macworld大会在万豪酒店大宴会厅举行。时任苹果CEO

的阿梅里奥为了凸显自己大会主角的身份,精心设计了一出行为秀。他的亮相并没有多么引人注目,但他怪异的着装确实让在场的观众目瞪口呆。他可能想发扬苹果一直以来的优良传统,但是他显然弄巧成拙了。他穿了件领子紧贴脖子的衬衣,却套了一件带亮片的休闲夹克,这让他看上去滑稽而笨拙。

然而这不过是小问题,更大的麻烦是:阿梅里奥之前去度假了,又跟他的演讲稿作者发生了矛盾,还大吵一架,拒绝彩排。这使他在演讲的时候结结巴巴,并很快忘词,思路似乎也不大清晰。听众们目瞪口呆,不明白他在讲些什么。就这样过了两个小时,阿梅里奥才结束了自己糟糕透顶的演讲,把乔布斯请上了台。

乔布斯的光芒顿时盖过了阿梅里奥,听众们纷纷起立,拼命鼓掌欢呼,震耳欲聋的掌声足足持续了一分钟有余。和笨手笨脚的阿梅里奥相比,乔布斯简直就像见惯了世面的大明星,举手投足之间魅力四射,自信而有型。他挥手让大家安静下来,然后对十年来苹果的发展做出了犀利的点评:"十年来,Mac都在原地踏步,所以让Windows系统占了上风。现在我们将研发出一个更优越的操作系统,再创辉煌!"他的讲话短促有力,很具煽动性,听众们的情绪瞬间被点燃了。

乔布斯愿意发挥自己的魅力,因为他明白,魅力会给自己带来一些好处。

案例

"全球第一CEO"

1960年杰克·韦尔奇(化学)博士毕业,加入通用电气塑胶事业部。1971年成为通用化学与冶金事业部经理,1979年成为通用公司副董事长。1981年年仅46岁的韦尔奇成为通用电气历史上最年轻的董事长兼首席执行官。

当时通用电气机构臃肿,等级森严,对市场反应迟钝,在全球竞争中正在走下坡路。韦尔奇从主持通用电气开始,20年间,他把一个弥漫着官僚主义气息的公司,打造成一个充满朝气、富有生机的企业巨头。

在他的领导下,通用电气的市值由他上任时的130亿美元上升到4 800亿美元,也从美国上市公司盈利能力排名第十位上升至全球第一,成为世界第二的大公司。韦尔奇于2001年退休,被誉为"最受尊敬的CEO""全球第一CEO"

“美国当代最成功、最伟大的企业家”。

案例

“霸主”马云

马云通过朋友遍天下促进事业发展。2000年，马云请金庸穿针引线，广发英雄帖，中国互联网的风云人物——新浪王志东、网易丁磊、搜狐张朝阳等纷纷赴约。这就是日后互联网界一年一度的“西湖论剑”。除了行业顶级人物的这一聚会，马云又发起“网商大会”，把各路“江湖英雄”每年聚拢在阿里巴巴的周围。2015年马云当选全球互联网治理联盟理事会联合主席。马云的这些作为颇有春秋五霸号令诸侯的气魄。

案例

董明珠——格力员工眼里的“神”

对格力几万名员工而言，董明珠是神一样的人物。他们人手一本董明珠的自传，看得热泪盈眶，唱着歌颂董明珠的歌曲，并以能和董明珠在电梯里讲上几句话为荣。大家都敬畏她、崇拜她，一位员工说：“她在电梯里和我说一句话，我要兴奋一个月！”

在格力，董明珠的无私和公正赢得了持久的权威和拥戴。在她的下属中，她拥有一种无与伦比的力量，这是群众对领袖天然的膜拜。她就像乔布斯一样拥有“现实扭曲力场”，更重要的是，董明珠没有道德瑕疵，活得像格力的制度一样“天衣无缝”。她把自己毫无保留地给了格力，并理所当然地认为，别的员工也应如此。①

案例

“他是一头牛，却跑出了火箭的速度”

牛根生从小生活在贫穷家境中，备尝世间冷暖，养成了吃苦耐劳、独立坚强、迎难而上、不屈不挠、勇往直前的优秀品质。养父死后，他继承父业进养牛

① 赵丽芬，刘小元. 管理理论与实务[M]. 北京：清华大学出版社，2017.

场工作，成为一名洗瓶工。他凭着任劳任怨、务实肯干的“牛”精神，获得“呼和浩特市特等劳动模范”称号(优秀的人在很多地方都能干得非常出色)。

在回民奶食品厂和伊利工作期间，牛根生在六年里从一名工人成长为车间主任、厂长和伊利集团副总裁。他与人为善，不在乎吃亏，懂得分享，经常对身边的人倾囊相助，获得了宝贵的声誉(践行财散人聚思想)。

因与伊利总裁郑俊怀产生矛盾，牛根生被迫离开伊利，后创建蒙牛公司。他以前的付出得到了回报，在他创业最困难时，他在伊利的四百多名老部下一批批投奔而来。有的还给予牛根生资金方面的支持，帮他渡过难关。

蒙牛发展起来后，牛根生捐出自己和家人的全部股份，成立“老牛专项基金”。

不过近几年蒙牛集团发展不顺，业务方面被伊利反超，牛根生辞任董事长职务，蒙牛已被中粮集团收购。

案例

年轻的网络首富

网易创始人、首席执行官丁磊上大学时看书速度极快，一门功课自学两三个星期就能掌握。他这样总结自己年轻时(1995 年)从电信局辞职创业的举动：“人的一生总会面临很多机遇，但机遇是有代价的。没有勇气迈出第一步，是不可能创业取得成功的。”开始创业后，丁磊每天工作 16 小时以上，其中有 10 个小时在网上。他的信箱有数十个，每天都要收到上百封邮件。在个人财富急剧膨胀时，丁磊一直保持低调。他说，网络首富只是自己创业过程的副产品。

也不要迷信或盲目崇拜领导的魅力。例如苹果公司前产品营销主管 Mike Evangelist 离职后在他的博客(www. writersblocklive. com)中透露，乔布斯的每一场演讲都需要几周的准备和上百人的协同工作。经过精确的细节控制和若干次秘密彩排后，乔布斯方能激情四射地出现在演讲现场。

大量的研究结果表明了这样一个道理：具备某些特质确实能增加领导者成功的可能性，但没有一种特质是成功的保证。为什么领导特质理论在解释领导行为(效果)方面并不总是成功？因为它忽视了下属的需要和特点；它没有科学区分领导者特质和领导行为的因和果；它忽视了情境因素，例如领导者所在组织处于上升或衰退趋势。

10.4 领导方式的类型

10.4.1 专权型领导

靠权力和强制命令让人服从，主要依靠行政命令、纪律约束、训斥和惩罚管理。据统计，具有专制作风的领导者和别人谈话时，有60%左右的谈话内容带有命令和指示的口吻。

10.4.2 民主型领导

领导者以理服人，以身作则，分配工作时尽量考虑员工的能力、兴趣和爱好，谈话时喜欢用商量、建议和请求的口气，下命令仅占5%左右。民主型领导显然比专权型领导让被领导者感觉舒服得多，更受被领导者欢迎，适合当今社会。

10.4.3 放任型领导

极少运用权力，让下属高度独立；为下属确定目标，以及实现目标的方法；为下属提供信息，充当团体和外部环境的联系人，以此帮助下属工作。放任型领导可能使员工产生一些不良想法和倾向，例如一些刁蛮的员工可能会欺骗或为难领导。

案例

《红楼梦》里的放任型领导

如果把《红楼梦》里的荣国府比作一个大公司，贾政和王夫人就属于放任型领导，而且放任过了头。贾政基本不管家务，只重视官场中的事务，把贾府外面的事务交给侄子贾琏管理。贾政的兄长贾赦亦不管理家务。王夫人也很少管理贾府内部事务，把权力基本上都授予王熙凤。“董事长”史老太君更不问这些事，乐得享清闲，由着晚辈们自行其是。

正是有了这两位放任型“领导”，再加上贾琏夫妇的品行本就自私、不端，甚至狠毒、邪恶，上梁不正下梁歪，搞得“公司”里各“部门”面和心不和，揩油偷懒，贪赃枉法，直到把“公司”搞破产为止。

授权本身不是坏事，但授权的领导不能忘记检查与控制，不能把授权当作便于享受清闲的手段。

同一位领导在不同时期可以采用不同类型的领导方式。

案例

一家面临困境甚至濒临倒闭的公司聘请了一位新总经理，这位总经理新官上任三把火，在各方面管束得非常严厉，可能正好与“好好先生”的前任形成鲜明对比。下属们怨声载道，向董事会或集团公司投诉的投诉，辞职的辞职。

但这位新总经理不吃他们这一套，依旧采用专权的领导风格。由于新总经理是临危受命，董事会也清楚利害得失，坚信他们的聘请决策（聘用高管属于重大决策、战略决策），坚决支持这位新领导。

几个月过去了，该公司渐渐恢复了元气，走上了正轨，这位新领导对某些部门放松了控制，让他们更自主地运作，但对另一些部门仍严格控制。而此时，原来责怪甚至私下责骂这位新领导的经理、员工们基本上终止了这些言行，渐渐地先在内心接受他，继而公开认可和赞扬他。毕竟实际领导效果明明白白地放在那里呢。

10.5 管理方格理论

美国得克萨斯州立大学的布莱克（Blake）和莫顿（Mouton）提出了管理方格理论。他们用横坐标表示领导者对生产的关心程度，用纵坐标表示对人（员工）的关心程度，将表示这两种行为的坐标各划分成9等份，形成81个方格（见图10—1）。每个方格代表一个（种）对生产和人的某种程度的关心的组合（形成的领导行为）。

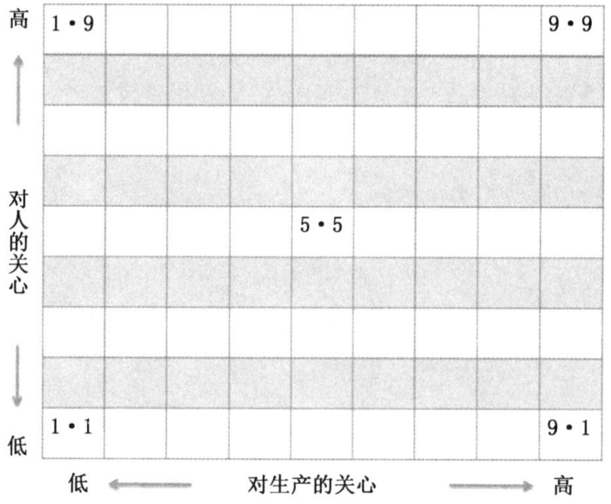

图 10－1　管理方格

图 10－2 中的领导行为是比较典型的几种。

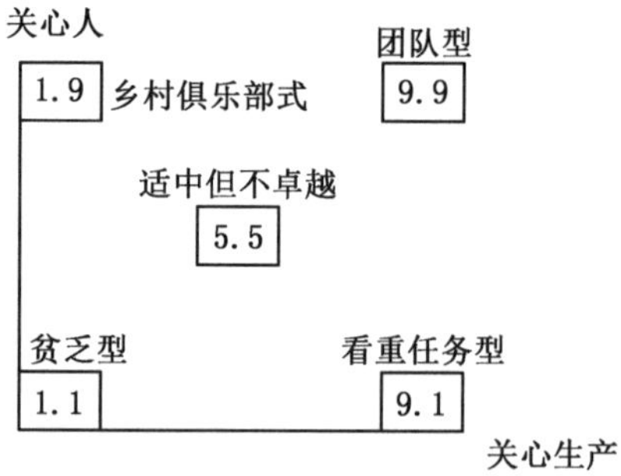

图 10－2　典型的领导行为

9·1 型：领导者只注重生产效率而不关心下属(着重任务型领导)。

1·9 型：领导者只关心下属而不关心生产效率(乡村俱乐部型领导)。

5·5 型：对生产和员工保持一定程度的关心，主张适可而止，缺乏强烈的进取心，乐意维持现状(适中但不卓越型)。

1·1 型：领导者对生产和人都不关心(贫乏型/平庸型)。

9·9 型：领导者对生产和人都很关心(团队型)。

布莱克和莫顿认为:9・9 型领导的工作效果最好,是领导们努力的方向,因为这会使组织中的人精诚团结,共同完成目标。但是现实中很难做到这种领导行为,为此,他们提出要培训领导者。

案例

团队型领导

《西游记》在团队领导方面给予我们不少启发。虽然唐僧的三个徒弟受观音菩萨的约束,但唐僧若没有领导的魅力和才干,又怎能管束这些神通广大且有些顽劣的徒弟?

唐僧既很关心取经任务以及约束徒弟们作为修行者的行为,又很关心徒儿,还是每个徒弟的救赎者;徒弟们对师父也有深厚的感情。唐僧也是个意志坚定的领导,无论死亡威胁还是美色、荣华富贵或至尊权力的诱惑,都不能动摇其前往西天取经的志向。这令徒弟们非常敬佩。唐僧也是位佛学专家,具有渊博的佛学知识,一路上教化、开导徒儿,也令他们佩服。这是一种专长权。

在这样一个项目团队中,师徒四人齐心协力,历经九九八十一难,最终圆满完成了西天取经任务。

美国电视连续剧《加里森敢死队》的故事也是这样,队长既严格要求队员必须完成各种艰难的任务,又很关心每一个队员的生命安全,不抛弃,不放弃。美国电影《荒野猎人》也表达了这种原则,队长在带领队员们完成公司的任务时,关心每一个队员的生命,谁抛弃或伤害队友,必将受到严惩。

作为领导,既要发扬民主(民主讨论,自由发表意见,民主管理),又要善于集中(集中意见、决策,统一指挥);既要关心完成组织的任务,又要关心职工的正当权益。只有这样,才能使领导工作卓有成效。

下面是某职业经理人根据自己的工作经验总结的团队建设的方法。

团队建设中的聚会方法

开完会后撮一顿；
节日喜庆喝两杯；
心情好时唱两首；
闲时不妨喝喝茶；
夜里兴来宵宵夜；
遇到问题聊一聊；
放下架子常相聚；
团队建设也容易。

团队聚会须顺其自然，不能勉强。团队聚会是花钱的事，团队领导应该担当起发起人，并且常常须担当起付款者。慷慨仗义，舍得花钱，往往能财散人聚①。其实花这点小钱，与蒙牛集团董事长牛根生的慷慨之举相比，已不算什么，参见 12.2.3 小节的最后一个案例。

10.6 领导的其他方面

10.6.1 领导集体的结构

构建领导集体的年龄结构时，注意使该领导集体的老中青成员的比例协调。如果在某个领导集体中都是年轻人，则该领导集体可能比较冲动，缺乏经验；都是年长者，则可能倾向保守，反对革新。构建领导集体的知识结构时，注意使该领导集体具有较全面的领域知识和专业知识。构建领导集体的能力结构时，注意使该领导集体具备较全面的能力：组织能力、协调能力、激励能力、沟通能力等。构建领导集体的专业结构时，注意使该领导集体具有不同的专业背景，形成专业互补优势。具体如图 10－3 所示。

① 郑锐洪，王振馨，陈凯．营销渠道管理(第 2 版)[M]．北京：机械工业出版社，2017．

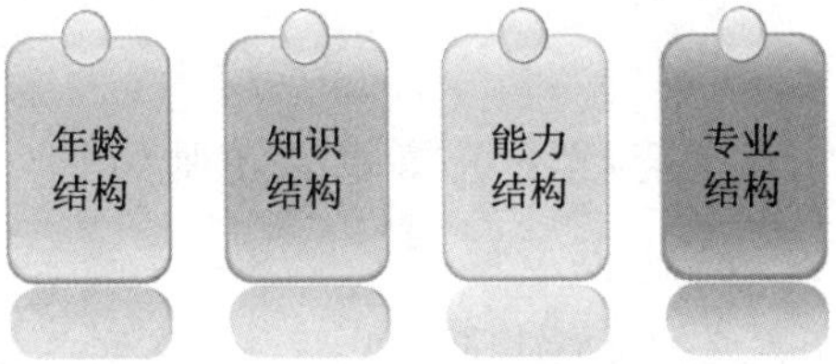

图 10—3 领导集体结构的组成

10.6.2 权变理论

没有一种普遍适用的、最好的领导理论和领导方式。领导行为的效果除了取决于领导者本人的素质和能力，还取决于诸多客观因素，如被领导者的特点、领导环境等，它是诸多因素相互作用、相互影响的结果。

10.6.3 领导艺术

领导艺术是指领导者在领导方式、方法上表现出的创造性和有效性，是领导者在一定的知识、经验和辩证思维的基础上，富有创造性地运用领导原则和方法的才能。

领导艺术包括以下特征：干领导的本职工作，领导的本职工作包括决策、用人、指挥、协调和激励[①]；平易近人，善于同下属交谈，倾听下属的声音；争取众人的友谊和合作，关心他人，信任他人，一视同仁；做自己时间的主人，科学地组织管理工作，合理授权，不被下属的种种干扰牵着鼻子走。

扩展到组织领导、党的领导，上述的一些原则也是通行的。例如邓小平曾指出："党要善于领导，不能干预太多[②]"。

① 一个领导者发现自己忙不过来时，应该思考一下自己是否妨碍了下属的职权，做了本该由下属做的工作。

② 邓小平. 邓小平文选(第三卷)[M]. 人民出版社，1993.

案例

李广与程不识将军的统帅风格

很多人都知道李广而不知程不识，程不识将军就是在陈宝国主演的电视连续剧《汉武大帝》中，窦太皇太后的禁卫军首领。其实这两位将军是齐名的。

李广的特点：传奇。

李广训练部队以恩义相结，不重纪律，手下每位将领与他的感情都很好。行军布阵作风自由，不拘一格。他带领的骑兵非常精良，以机动性代替中国当时传统的行军布阵（其实这正是游牧部落的作战风格，可谓以其人之道还治其人之身），所以李广的部队常常获胜。李广因而获得"常胜将军"的美名。

李广时常带领少量精锐突击队突袭匈奴（看来这一招不是霍去病的"专利"，还是有其他汉人将领面对凶悍的游牧部族时，敢于使用此手段），有时成功，有时失败，李广甚至被俘过，不过成功逃脱了。李广还使用过类似"空城计"（孔明用空城计前，已有若干先人用过类似的计策了）的险计脱险：他骑着马缓缓前行（撤退），匈奴人以为这是诱敌之计，不敢贸然紧逼，李广的部队才得以脱险。

程不识的特点：可靠、扎实。

程不识是非常严谨的将领，他按最严格的纪律训练军队，部队出战时总是处在高度的戒备状态。凡是他率军作战，前面一定有斥候（侦察人员、探子），左右一定有掩护，一队一队互相呼应，互相照管，安营扎寨很有章法。行动起来，全军一致；扎下营来，敌人冲不动。他从未让匈奴人得逞，但他自己也未取得过重大胜利。

在西汉，人们都知道程不识是名将，因为他战不败。而李广呢，不是大胜，就是大败，就像在赌场赌钱。程不识则能不断积累胜利。李广和程不识代表了两种作战指挥的类型，各有所长，也各有所短。李广军队的凝聚力、灵活性、独立性、主动性、创造性等非常出色。李广部队的五千人可以顶五万人用，而程不识的一万人则永远是一万人，但也是不容易被打垮的。

作战处于上风时，李广的军队可以大胜；处于下风时，程不识的军队可以避免大败。因此，应该在适当的时候使用适当的风格，但如何做到适当是一门大学问。“求稳用程，求功用李。”环境非常不确定时，李广的风格较能获得突破，取得胜利；环境较稳定时，程不识的风格是较佳选择。[①]

① 孙喜林，赵艳辉. 管理心理学——理论、应用与案例[M]. 北京：人民邮电出版社，2018.

第11章　沟　通

沟通是交换信息并被两个或两个以上的人理解的过程。这个过程通常伴有激励或影响行为的意图。激励意图，例如上级找下级谈话以激励之，下属的干劲常常是领导与其谈出来的；影响意图，例如应聘者与招聘者充分沟通。

《论语·卫灵公》："可与言而不与之言，失人。不可与言而与之言，失言。知者不失人，亦不失言。"可以向别人解释一下以消除误会或隔阂，可以预先跟别人通一下气以示尊重，但却懒得做或不屑做，因而白白失去了朋友、合作者，并可能多了一些敌对者。隐隐觉得不应该说，说了有失礼貌，有些事需要保密，但还是忍不住说了，或者不经意说漏了，就又得罪了人，或违反了规定。要努力做智者，不失人也不失言。

沟通的实质是（信息、观念）分享，而不是一些人（尤其一些管理者）认为的只是说给别人听，写给别人看，以期说服别人；要给别人话语权，听得进别人的意见。巴纳德说：管理者的基本功能是发展与维系一个畅通的沟通管道。求同存异，找到可行、有效的解决方案，这样方能更大程度地发挥沟通的效用。

案例

真正沟通的力量

弗奈是一个燃料供应商，他的公司附近有一家大型连锁店，他想把燃料推销给此店，可长期努力后都未成功。弗奈对此很烦恼，也很生气。

弗奈后来参加了卡耐基的培训班，并把自己的这一烦恼告诉卡耐基。卡耐基专门为弗奈安排了一场辩论课，辩论的题目是"连锁店经营利大于弊"。弗奈对此非常积极，他一心想参加反方，阐述连锁店经营的弊端和恶果。但卡耐基没有同意，他要求弗奈参加正方。

弗奈由于不了解连锁店的相关情况，为了收集材料，他再次前往那家连锁店。敲开店经理的门，经理以为他又来推销燃料。弗奈连忙说明来意，并表示有信心作为辩论正方获得成功，所以来了解一些情况。

这下店经理同意和弗奈谈一谈，两人越谈越投机。通过这次谈话，弗奈大开眼界，店经理还给了他一些额外的资料。

谈话结束时，弗奈高兴地向店经理致谢并准备离开。店经理忽然叫住他，说："我记得您是卖燃料的。"弗奈点头。经理微笑着说："我们的燃料供应合同明年春天到期，到时候你来找我，也许我们能签订新的供应合同。"

弗奈心中一惊，他没想到这么难攻克的推销就这样轻松地成功了。弗奈对连锁店的关心也使店经理关心弗奈的产品，这就是真正沟通的力量。①

启示：演讲者、讲课者如果只是一味地向听众灌输，时间一长，听众或学生就可能容易倦怠、坐不住。要辅以恰当的互动，给听众发言、提问的机会，实现真正的沟通，才可能达到更好的效果。

11.1 沟通类别

11.1.1 按功能划分

(1)工具式沟通：关于工作方面的沟通、较正式的沟通、职能沟通、例行沟通等。

(2)情感式沟通：以联络感情为主要目的的沟通。

11.1.2 按沟通方法划分

(1)口头沟通。面对面交谈、演讲、打电话等方式的沟通。优点是便捷，交互性强，有助于联络感情等；不足是易逝性、非正式等。

① 赵玉平．管理之道[M]．北京：中国工人出版社，2017．

(2)书面沟通。撰写报告、写信、传递文件、发布公告、发电子邮件等方式的沟通。优点是有形,可长期保存,往往可作为法律依据;不足是耗时,及时性差,交互性弱等。

(3)非语言沟通。下面是一些例子。

暗号:小说《红岩》中负责印刷《挺进报》的成岗同志被捕前在窗台上放上花盆,这就是与其他同志约定好的暗号——此联络点已暴露。

旗语:航行在海上,风声、浪声大,不同舰船上的人听不见对方的喊话;太远也导致看不清对方的手势;过去又没有无线通信设备。所以需要旗语。陆上也如此。"《军政》曰:'言不相闻,故为之金鼓;视不相见,故为之旌旗。'"《孙子兵法》也说:"故夜战多火(火把)鼓(用以联系),昼战多旌旗(发号施令),所以变人之耳目也(耳目的功能得到延展)。"

(4)形体语言沟通:做手势、体态、眼神、表情等方式的沟通。优点是既可以作为语言沟通的辅助形式,有时又胜过语言沟通;不足之处是表达的意思较模糊,不容易被领会,等等。

(5)电子媒介沟通:QQ、微信、电子邮件、博客、门户网站等方式的沟通。优点是快捷、高效、环保(例如实现无纸化,减少差旅费),传播面广,等等;不足是可能妨碍传统的情感交流,容易产生大量的无用信息,等等。

11.1.3 按组织系统划分

(1)正式沟通:依据规章制度规定的原则和渠道沟通,例如组织间的公函来往,组织内部的传达文件、发布指示、召开会议、汇报工作。

(2)非正式沟通:正式沟通渠道之外的信息交流。当正式沟通渠道不畅通时,非正式沟通就会起十分关键的作用。非正式沟通比较灵活,形式多样,能满足员工的额外信息交流的需求。有时候,非正式沟通比正式沟通传播更快、更广,但准确性可能差一些。11.3 节将进一步阐述非正式沟通。

11.1.4 按沟通方向划分

(1)上行沟通。例如写年终总结交给领导,常常没有反馈。一般而言,组织规模越大,上行沟通的阻碍越大。改进措施:设置意见箱、网上领导信箱,把领导的评分、评语反馈给员工等。

案例

沃尔玛的员工提议

沃尔玛公司在阿肯色州罗杰斯机场的飞机库里有12架飞机，它们是为方便管理者和员工沟通、倾听基层声音而设的。沃尔玛总是想方设法鼓励员工把自己的建议反映上去。由于创始人山姆常常邀请有创意的员工参加星期六早晨的会议，所以收获颇丰，得到了许多操作性强的好点子。这些点子差不多每年可为沃尔玛节省800万美元的开支。来自基层的意见常常符合沃尔玛运营的实际情况，沃尔玛公司的聪明之处是充分发挥了各阶层、各类人才的潜力。①

(2)下行沟通。例如高中校长在高考动员大会上的演讲，面对台下黑压压的人群，校长并不容易感受到学生的反馈；如果校长坐在广播室里发言，学生坐在教室里听，校长更看不到反馈。演员在剧院的舞台上表演，由于强烈的明暗度对比(舞台上通亮，观众席漆黑一片)，演员也看不到观众的反应，只能听到观众的反应。

(3)平行沟通。同级人员之间的沟通。

11.1.5 按是否有反馈划分

(1)单向沟通。信息基本上往一个方向流动。

(2)双向沟通。具有交互性的沟通。

11.2 沟通模式

沟通模式是指信息在不同的人之间，按不同方向流动的模式，可分成以下几种。

11.2.1 轮形网络

通过一个中心人物传递信息，可以避免不必要的噪声，节约时间。同一个

① 单凤儒，金彦龙. 管理学——互联网思维与价值链视角[M]. 北京：高等教育出版社，2015.

人即使在不同的时间传递的信息基本上都是相同的，可以减少噪声。掌握信息的人直接传递信息，减少环节，可节约时间。把信息传递给别人，指望别人快速传递这些信息的想法常常落空，因为别人并不一定这么积极主动，等他们传递信息时可能已经拖延了一段时间。具体如图 11－1 所示。

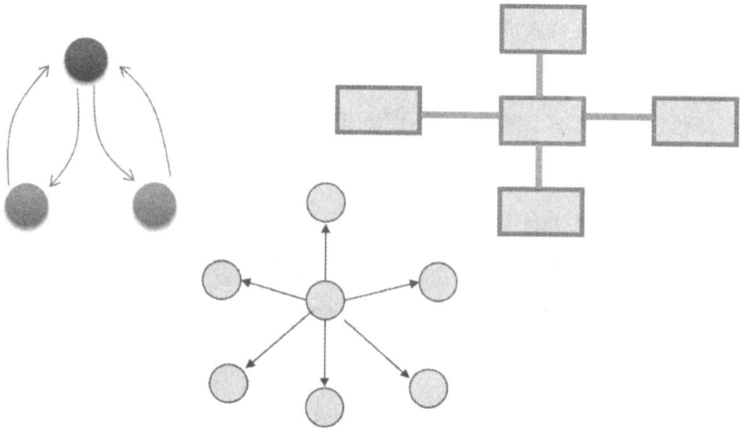

图 11－1　轮形网络结构

11.2.2　链形网络

在链形网络中，成员按照设定的顺序互相沟通，链形网络一般用于任务有先后顺序、相互依赖的流水线群体中（见图 11－2）。

图 11－2　链形网络结构

11.2.3　环形网络

各个成员依次沟通，不存在中心人物，体现了平等，组织成员有比较一致的满意度（见图 11－3）。

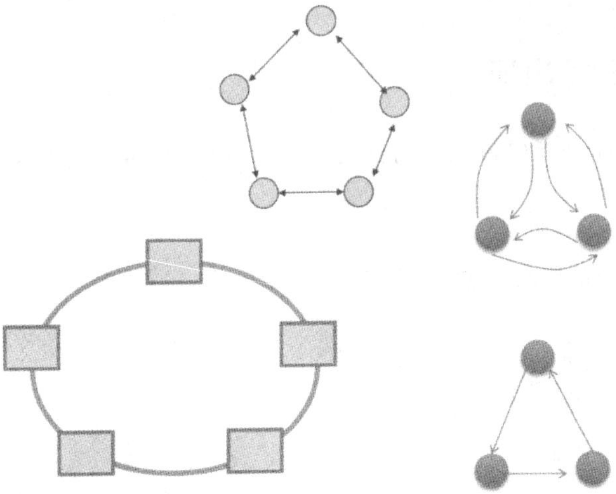

图 11—3　环形网络结构

11.2.4　全通道网络

每一个团队成员都与其余成员直接交流，便于信息交换和充分利用信息资源。结构复杂，成本高——维持全通道网络需要花很多时间，人际交往多，耗费时间和金钱。随着团队规模的增加，全通道网络的复杂度增加非常快，复杂度增加很快，运行维持成本的增加速度自然也快（见图 11—4）。

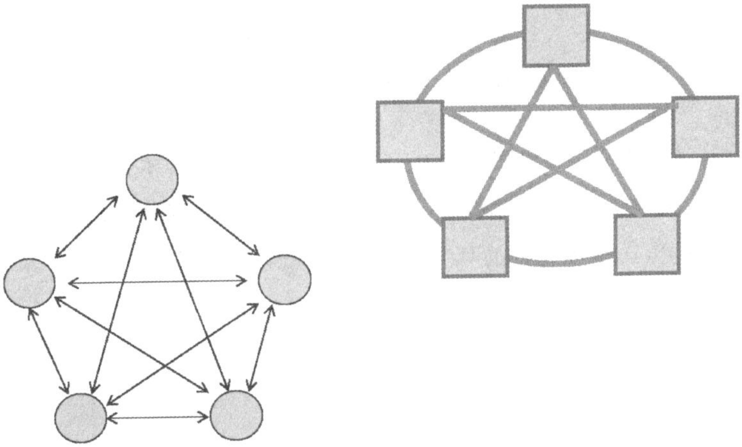

图 11—4　全通道网络结构

11.3 非正式沟通

非正式沟通是指以员工间的社会关系为基础，与组织的明文规章制度没有关系的沟通。

11.3.1 非正式沟通的特点

效率较高；信息交流的速度较快——员工传递的积极性高，在非工作时间里也传递；可能比较准确；可以满足职工的需要——尤其在基层员工从正式渠道得不到有关信息时；有一定的片面性。

11.3.2 非正式沟通的模式

11.3.2.1 单串型或单线式

通过一长串的人把信息传给最终的接收者。单串型在现实生活中是否实用呢？放话/放出风声（不方便直接告知对方）就是一种应用（见图 11－5）。

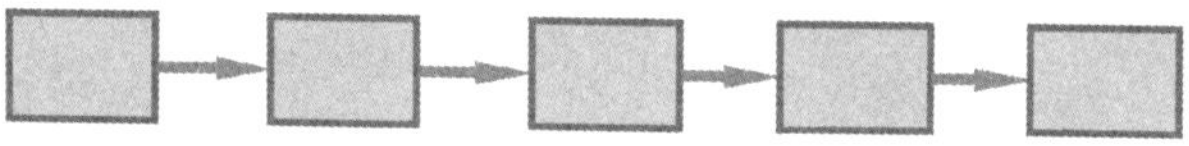

图 11－5 单串型沟通模式

传播分叉未出现在上图中，分叉中的接收者可能是与最终的接收者完全不相干的人，也可能是放话者与目标接收者之间的中间传递者，即放出的话可能通过多条途径传送到接收者的耳朵里（达到印证效果）。

案例

张良弄鬼诈项羽

项羽得天下后不想定都咸阳，而想回家乡彭城[①]建都。实际上咸阳是古代建都的好地方，项羽还可与镇守三秦（都属于现在的陕西）的章邯、司马欣和董翳这三王看住最有雄心的刘邦。

但项羽一心想回彭城。张良从项伯那里听说此事后正中下怀，他巴不得项羽早点离开咸阳，好让刘邦得便夺取三秦。张良决定再给项羽烧一把火。他化妆成一个道士，走街串巷唱着一首歌谣："隔壁有人摇串铃，只听声音不见形。得了富贵不还乡，如穿锦衣夜里行。"[②]他把这首歌谣教给许多小孩儿，让他们四处传唱。

项羽由于先前违背了楚怀王与各路英雄的约定，把先入咸阳的刘邦打发到穷乡僻壤（当时相对关中而言）的巴蜀去了，自己留在咸阳做了西楚霸王。他是个沽名钓誉的人，做错了事，怕别人在背后议论他。他派近臣到街面上打探有无议论他的人和言论，结果近臣们打听到上面那首歌谣。项羽听说后还亲自出宫探听，果然听到小孩儿们在传唱那首歌谣。

项羽颇为得意，心想：我正想回彭城，老天就把他的意思通过小孩儿们告诉了我，正合我意。项羽后来离开咸阳，无意中为刘邦一统天下创造了先期条件。张良放出去的话达到了预期的效果。

在单串型的沟通模式中，被传递的信息很可能走样。

11.3.2.2 饶舌型（流言式）

传递信息者积极主动地寻找告知对象和告诉别人（见图11—6）。

11.3.2.3 集合型（集束式）

某人把信息告诉经过他选择的人，这些人又把信息转告经过他们选择的其他人（见图11—7）。

11.3.2.4 随机型（偶然式）

个人之间随机的转告。信息由A随机传递给某些人，这些人再随机传递给

---

① 彭城即现在的徐州，所以说项羽和刘邦是老乡——刘邦的家乡沛县是现在徐州市的下辖县。

② 项羽自己也说过类似的话。

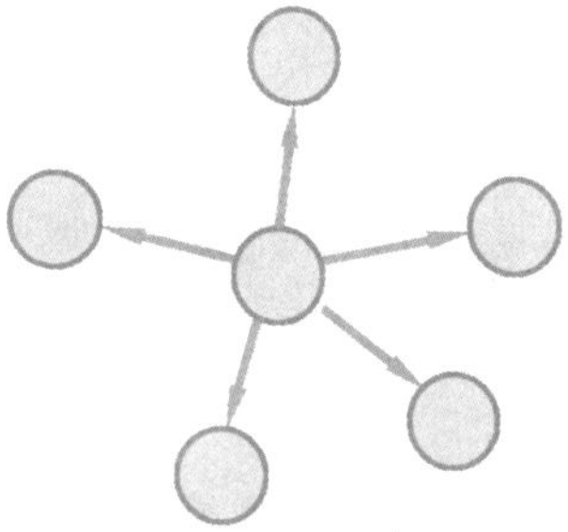

图 11－6　饶舌型沟通模式

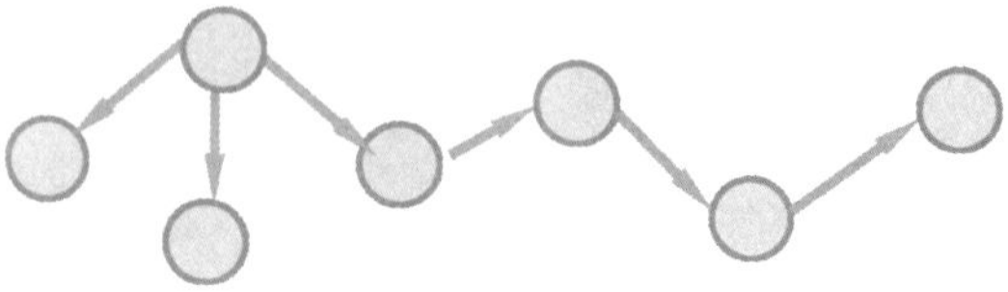

图 11－7　集合型沟通模式

另一些人(见图 11－8)。

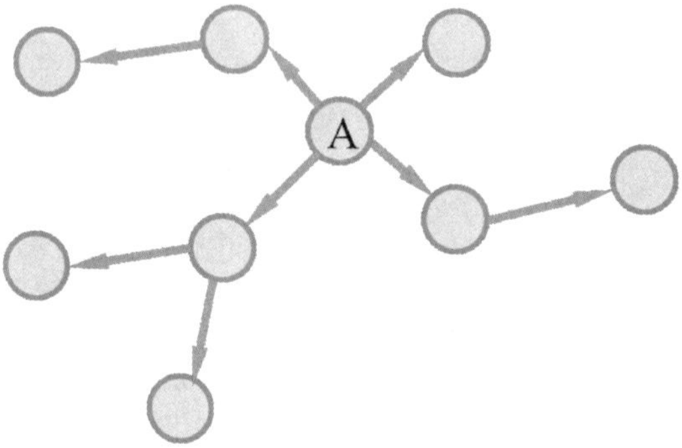

图 11－8　随机型沟通模式

11.3.3　正确对待非正式沟通

要高度重视传播面广、传播速度快的小道消息。这样可以在非正式渠道中了解在正式渠道中无法得到的一些信息,从侧面了解员工的需求。

11.4 沟通障碍

很多误解、低效的工作和错误源自沟通障碍。沟通障碍由四类因素引起。

11.4.1 造成沟通障碍的个人因素

(1)有选择地接受。有的人喜欢挑好听、顺耳的话听，对不利于自己的话、坏消息充耳不闻。殊不知良药苦口利于病，忠言逆耳利于行。开白色汽车的人会觉得路上白色的汽车挺多；开黑色汽车的人则觉得路上黑色的汽车挺多(有选择地关注)。

(2)沟通技巧不足。信息传递者须设身处地考虑信息接收者的理解情况，尽量提供完整的信息，强调和解释易被误解的内容。例如父母的年龄大了后，他们的听力也越来越差了，跟他们说话时要大声说，甚至要不怕麻烦地走到他们面前说话。在有的情况下，年老的父母或其他长辈不是听不见，而是反应能力变差，他们听到别人的话后一下子反应不过来，所以跟他们说话时须慢慢地说。

沟通中的误解

用袋子装

小明:“老板，我要一杯珍珠奶茶。”

老板:“好的，你要用袋子装吗?”[1]

小明:“不要！我要杯子装。”

有没有云?

前阵子我们到泰国毕业旅行。泰国的太阳实在太毒了，大家都在车里猛涂防晒油，涂了好几层。小红对我说:“帮我看一下有没有匀?”[2]我虽然纳闷，但还是撩开窗帘帮她看看天空有没有云，然后回答她:“有，但是不多。”一回头看见她脸上夸张的“粉条”，才知道原来她是要我帮她看有没有涂匀。

---

① 歧义引起的误解。

② 同音字歧义、省略歧义和未辅以体语(例如指着自己的脸问)引起的误解。

11.4.2 造成沟通障碍的人际因素

(1)沟通双方的信任程度不够。信任程度不够除了使沟通信息不能被有效采纳,还导致沟通不能顺利进行下去,进而产生其他负面效果。

国人交谈时常常喜欢打听对方的一些个人信息甚至隐私,这往往使对方非常不悦,沟通效果自然被破坏。交谈的双方可能并不熟识(即使相识多年的同事、同学,如果并无多少交往,仍谈不上熟识),更谈不上有深厚的交情,可是在一次偶然的近距离相处(例如在单位餐厅吃饭,碰巧坐在一起)时,一方却打听另一方的个人、家庭情况,这是交浅言深的另一种表现(不是谈自己思想深处的东西,而是打听别人的隐私)。

既然没有深厚的交情,自然谈不上信任程度很高,在交谈中怎能涉及个人、家庭等方面的隐私话题呢?被问者为什么要回答这些敏感问题呢?这类信息至多是与挚友、最亲近的人分享的。

还有一类人,他们挺注重保护自己的隐私和思想深处的东西,绝不轻易提起(也就是城府很深的一种表现),却非常热衷于打听别人的隐私,甚至传播别人的个人信息,乐此不疲,收也收不住。关于保护隐私的话题,另参见12.1节最后的内容。

(2)信息来源的可靠程度低。

(3)双方的相似程度低。如果沟通的双方心有灵犀、默契,则沟通较容易,也比较有效。如果两个人的差距大,例如两个人的价值观、人生观的差距大,则可能出现无论一方如何解释、劝说,另一方总是听不进去的情况。还有,教育背景、生活背景的差距导致一方不容易理解另一方想表达的含义,尤其不容易理解另一方的话中深意和话外的含义。

11.4.3 造成沟通障碍的结构因素

(1)地位差别。社会地位不同的人通常具有不同的价值观念和道德标准,从而造成沟通困难。

(2)信息传递链过长。传递链上的不同信息发送者的地位、表达能力以及不同信息接收者的理解能力,都可能导致信息传递的偏差。

(3)组织规模大。对信息不容易传达到位,需要电子邮箱、手机短消息、微信等手段并用,因为有的员工可能不使用上述的某个通信手段。对非常重要的信息还需要开大会宣讲。

(4)空间约束。合理设计工作空间(例如车间内的工位布局),使员工能充分沟通、分享信息,从而提高其工作效率。不要过于担心员工会闲聊、谈山海经。作者以前工作过的那家德国公司,在午餐时间,不管是白领还是蓝领员工,他们往往在谈工作,而不是谈家长里短。不要对员工总是抱着一种防备心理或不放心的心理。

11.4.4 造成沟通障碍的技术因素

(1)语言表达问题——语言表达不清,使用不当,造成理解上的困难或产生歧义。

案例

交代任务

某公司总经理对秘书说:"查一查我们有多少人在上海工作,星期三的会议中董事长会问到这一情况,我希望准备得详细一点。"

该秘书打电话给上海分公司的秘书:"董事长需要一份你们公司所有工作人员的名单和档案,请准备一下,我们两天内需要。"上海分公司的秘书又告诉其经理:"董事长需要一份我们公司所有工作人员的名单和档案,可能还有其他材料,需要尽快送到。"

结果第二天早晨,四大箱航空邮件被送到总公司大楼。

分析:这一连串的沟通中,最关键的误导之处是案例第一段中总经理的交代"我希望准备得详细一点"。他也许说最后这句话时只是自言自语,想好好准备一下数据和材料,却被秘书当作重要的工作布置下去。

总经理也可能不是自言自语,而是希望下属们准备得详细一点,但到底怎样详细,他又未明说。例如,他可以交代:除了总人数,还要统计本公司在上海的高层管理人员数目及具体名单；中层管理人员数目以及基层管理人员数目；还有一般员工的数目；等等。他不做具体交代，下属们就无所适从，只好拼命准备，以为越多越好，唯恐少了什么资料要挨批。进而白白浪费员工精力和公司经费，降低了工作效率。

(2)强调不足。有的人比较自制，尽量不影响别人，但有时候这种美德也会产生负面作用。例如，这些人为了避免因打电话打搅供应商或客户，也为了避免给他们造成过大压力，因而发电子邮件催货或催款。但这种善意的做法因催促强度不足，较容易给对方造成不着急的印象，对方以为发邮件者对货物或货款的需求并不是非常强烈，因而拖延处理相关事务。

这样的结果很可能给发邮件者造成较大损失，并且双方有可能产生一系列误会，例如发邮件者以为对方不重视其公司的业务和利益，最终破坏已有的良好合作关系。

案例

生活中的两个故事

一

一个高中生对父母说：我的眼睛最近不舒服，看东西不清楚。父母可能说：你少看点手机就好了。孩子无语。一个学期后，孩子又说：我的眼睛还是不舒服，一只眼睛几乎看不见东西了！父母就带他去医院，一查查出大问题——两只眼睛都严重感染细菌，有失明的可能性！虽然眼睛表面上看不出异常。

二

有一个初中生在学校扭伤了，家里人说：没事，扭伤不是大事，过一阵就好了。孩子因为当时扭伤时很疼，有点不放心，就上网搜索相关知识。搜索结果让她有点害怕：半月板撕裂啦，韧带撕裂啦，等等。于是跟家长说，家长说：别大惊小怪，扭伤是常见的，哪里需要去医院检查。孩子不再坚持。孩子初中毕业了，高中毕业了，大学也毕业了，进入一家公司上班，参加公司的一次集体旅游后，发现一条腿出现明显问题，走路不利落。去医院第一次检查没查出毛病，第二次检查才发现膝盖处四根韧带都断了！

(3)非语言暗示不足。例如语调，美国的52航班飞机坠机事件充分说明了沟通中语调的重要性。由于 52 航班的机组人员与机场调度人员沟通时总是使用平淡的语调(他们可能担心用焦急的语调说燃油不多了,将来受到管理部门处罚),尽管他们说燃油不多了,但调度人员听惯了各机组人员类似的说辞(各航班都希望早点降落),所以调度人员并不认为 52 航班的情况真的很紧急,需要优先安排降落。地面调度人员的一再耽搁(未及时安排降落),结果导致 52 航班用尽燃油,两次降落未成功,最后机毁人亡。

(4)无效的(不恰当的)媒介。一家医院的护理部主任在周末把关于该医院严峻形势的信寄到护士家里,引起护士们的一致反感。把这样的信寄到员工家里,影响员工过周末的心情,而且把这种不好的情绪传染给员工的家人,实在不应该。应该在医院讨论相关问题,商量如何共同渡过难关,哪怕是面对裁员。

案例

首席执行官的批评邮件

尼尔是美国一家公司的首席执行官,平常喜欢用电子邮件与人联系。有一次,他由于对公司员工的工作操守不满,并迫切地想表达这种不满,他就写了一封言辞激烈的邮件给该公司的几百名管理者。

邮件说:对目前的文化,在本首席执行官兑现其他员工利益之前,我们必须彻底解决这些该死的问题……大多数员工每周的工作不到 40 小时,早上八点钟时,停车场上还是稀稀疏疏的,下午五点时也是这样。作为管理者,你要么不知道你的员工在干什么,要么就是不关心他们。你必须解决这些问题,否则我就炒了你……你们这些管理者的所作所为让我感到恶心。

这封邮件发出几小时后就被放到互联网上。之后仅仅三天,该公司的股票价格就下跌了 20%。[①]

分析:该公司股价重挫的账自然应算到这位首席执行官头上,因为他的邮

① 方向东. 每天读点管理学和领导学[M]. 北京:中国华侨出版社,2018.

件内容暴露了该公司内部管理的混乱之处。本来,他这样批评下属无可厚非,但这样的批评内容应该放到内部会议上或与下属的面谈中。可惜,该首席执行官由于迫不及待地想向他的众多下属们表达他的强烈不满,也由于他在沟通方式方面的习惯,他完全选错了沟通媒介。

对待即将写给几百人的邮件,岂能不慎之又慎?! 这类邮件中哪怕只有一点点毛病,都会被自己人和外人揪住小辫子不肯放。何况上述邮件自身的问题还不少呢。对待白纸黑字,应当小心翼翼。

还有一个案例。一位高管在下班时间来到公司,身上却不带钥匙,他由于进不了门非常气愤。回到家后,他写了封邮件给他的秘书,把秘书臭骂一顿。谁知这位秘书是一个自尊心很强的人,她随即把上司的邮件公布到互联网上。她认为自己没有义务在下班时间还在公司待着,更何况其上司并未预先通知她。

第二天,这位秘书即辞职走了,因为她知道自己在这家公司已待不下去了。过了不久,这位高管也被调离原岗位。他们俩的行为都损害了公司形象,而这又起源于该高管高高在上、颐指气使的领导风格,以及(还是)选错了沟通媒介。

(5)信息过量,在网络化信息时代中,信息过量的情况尤其严重。人们接收到超过自身能接受、处理限度的大量信息,难以有效将其整合及内化为自己需要的知识,以致对人们的工作、生活及人际关系等产生负面影响。

11.4.5 如何克服沟通障碍

(1)要明了沟通的重要性。

(2)要学会听,包括两个基本要求。首先是专注,与讲者适当接触目光(基于文化传统),适时赞许地点头,避免分心动作[①]。其次是对完整性和准确性负责,相关的倾听技巧有提问、复述[②],避免在中间打断说话者。

① 不但分散听者的注意力,使其不能很好地获取说者表达的信息;也可能分散说者的注意力,影响叙说者的情绪和表达效果。课堂里学生"搞副业"而不是听课,会影响老师的发挥,影响授课效果。

② 不可机械、教条地使用复述方法,否则就会显得啰唆;尤其在多人沟通的场合(例如会议)中,过多使用复述方法会引起其他听众的反感。

上司要注意倾听下属的意见，下属更要认真倾听上司的意见。有的下属工作很努力，在上司布置一项任务后，就一心一意制订行动方案，然后满怀热情、非常自信地向上司宣讲其工作成果。无论前面的规划工作，还是后面的汇报，在这些过程中，这些下属忽略了一件重要的事——没有给予上司足够的发言机会，没有给予上司表达意见的机会，并且也可能没有考虑上司的某些需求。

这些下属以为自己的方案、工作成果简直无懈可击，自己的勤奋与努力也是有目共睹，于是盲目地认为自己的方案必然被上司批准。而此时其上司的感觉是：这位下属已经有了所有的答案，自己该做的就是倾听和表示同意。然而很多上司都不愿意成为一个被动的角色，尤其那些控制欲强的上司。当一个人不注意倾听别人的想法时，别人也就不会再听他/她说什么了。

(3)要创造一个有利于沟通的环境。独立、私密的谈话空间有利于沟通双方敞开心门；嘈杂的环境则分散沟通双方的注意力。有些管理者在不合适的场合与其部门的员工谈不合适的话题，尤其是伤害员工自尊心的话题，将会引起员工的强烈不满。

一个不懂得尊重员工、自以为是、永远把个人利益放在首位、心胸狭隘的管理者根本谈不上是领导者。这样的管理者本人对其部门的员工实际上是没有影响力的，产生影响力的只是这个管理者占据的管理岗位的职权。(另参见5.4节开头的寓言。)

(4)缩短沟通的信息传递链

(5)开创沟通的多种通道，例如开会、电子邮件、手机短消息、微信、QQ消息、网站通告、布告栏、发纸质通知，还包括非正式沟通渠道。

11.5 金鱼缸法则

金鱼缸很透明，从很多角度看，缸里的情况都一清二楚。如果在企业管理中运用金鱼缸法则，即使用开诚布公管理法，那么各项工作都处于全体员工的监督之中。可以有效防止管理者滥用职权,使公司运作更加公平;还可以使员工增强责任感,提高工作效率。为了进一步克服代理人制度(股东与经理人的分权)、"内部人控制"的一些弊端,董事会更应该对金鱼缸法则持支持态度。

甚至在公司的经营状况不佳时,也可以向员工公布财务报表,减少员工的猜疑,让他们了解公司的真实状况和奋斗目标,上下一心,共同奋斗。金鱼缸法则是一种有效的沟通方法,能增进信任,提高管理效率。

11.6 冲突管理

冲突是指由于某种差异引起的抵触、争执或争斗的对立状态[①]。

11.6.1 引起冲突的差异

(1)沟通差异。

(2)个体差异。人和人之间因为生活习惯不同、观点不同、信仰不同等产生冲突。

(3)结构差异。例如前面提到的地位差别,还有社会制度的差别引起资本主义国家与社会主义国家的冲突。资本主义大国总是说朝鲜专制,并抵制和制裁朝鲜,却对新加坡国内的专制视而不见。这其中就有社会制度差异的原因(朝鲜是社会主义国家,新加坡是资本主义国家),使资本主义大国区别对待朝鲜和新加坡。

中国企业收购西方资本主义国家的企业常常受到无端的阻挠,中国的市场经济地位被美国、日本和欧盟的若干国家以耍赖的方式不予承认(违背了世贸组织的规定),这些也与社会制度和意识形态的差异造成的冲突有关。

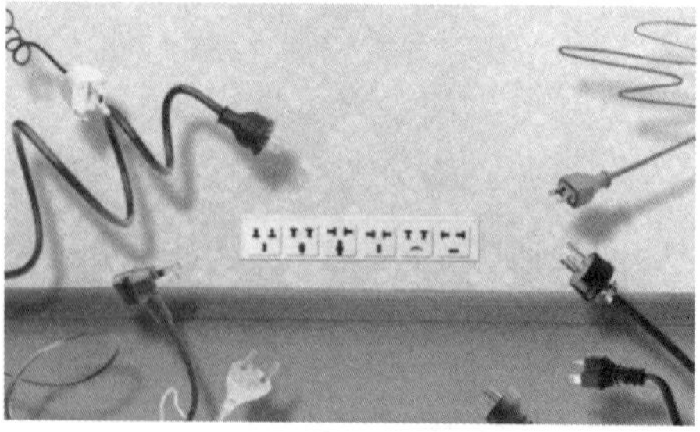

① 由于冲突产生的原因可能与沟通有关,并且冲突处理方法也可能涉及沟通技巧,所以作者把冲突管理放在本章中。

在社会现实中，一些原本美好的婚姻因为门不当、户不对招致双方家庭的强烈反对，也得不到社会的认同，这也是结构差异导致的冲突。

11.6.2　正确认识冲突

只要有人的地方，就会有冲突；即使在一个健全的组织中，冲突也可能在任何时间、任何地点发生。在职场生涯中，激烈的竞争常常会导致很多复杂尖锐的冲突；欲在激烈的内部竞争中领先，不仅要有过人的实力，还须善于处理竞争导致的各种冲突或矛盾。现代领导理论认为，如何对待冲突是领导者必须掌握的技能之一。前文提到过，解决冲突是领导者的本职工作之一。管理人员大约将五分之一的时间花在冲突处理上。

冲突对组织的影响如下：

冲突是不可避免的，是正常的；要看到冲突的积极作用；组织中的冲突很少，反映这个组织缺乏生气，死水一潭[①]；组织中的冲突过多，会造成组织混乱、涣散、分裂。

11.6.3　冲突处理策略和方法

11.6.3.1　回避

高调做事，低调做人。冷处理，退一步海阔天空，忍一时风平浪静；针锋相对，可能两败俱伤。

有的人在公共汽车上，在地铁里，为了抢一个位子，或者因为被踩了一下、被撞了一下等小事吵起来，甚至大打出手，其实真不值得。不但没争得什么，反而两败俱伤。如果在这些场合中能冷处理一下，就什么事都没有了，依然可以开开心心上班或回家去，而不是弄得自己一天都很气愤、沮丧或者后悔。在公交车上谁也不认识谁，根本无所谓丢面子或挣面子，所以完全没有必要为了一些小事吵架甚至打架，完全可以采取息事宁人的态度，社会也因此更和谐了。

在社会上，自己很小的利益被侵犯到，其实根本不值得跟别人较真。我们

---

① 有的企业为了避免这种情况，特地设一位“吹毛求疵”者。孔子告诉我们：君子和而不同；君子和而不流。盲目追求一致是不可取的。

可以转念一想，如果不是为了某件事，也许自己根本不会到这个地方来，也不会碰到这件不开心的事，因此根本没必要为这个偶然发生的小冲突跟别人计较，完全可以采取回避的态度，避让一下侵犯自己利益的对方。高风格的人是这样做的，有一位网友在“霸座男”“霸座女”[①]网上新闻的后面留言：我高中时乘火车回家，碰到别人坐了我的座位，如果对方睡着了或趴着，我都不跟他们讲。

碰到一些冲突不妨回避一下，就当这天没去那个地方，就当自己没听见、没看见，这也是一种涵养功夫，一种沉得住气、受得了委屈的功夫。不必要的争斗、不必要的更大损失就这样避免了。

而一个一贯强梁、吃不得一点亏的人往往不知回避为何物，2018 年 8 月发生在苏州昆山的正当防卫杀人事件的起因可能就属于这一情况。监控视频显示：当时宝马车违规闯入非机动车道超车，根本未与骑自行车的于海明碰撞，然而宝马车车主刘海龙却下车对于海明拳打脚踢，继而回到车内，拿来砍刀敲打于海明。虽然刘海龙当时喝过酒，但他的不当行为是不是说明他平常就这么霸道呢？

在社会上应多采用回避策略应对冲突，在工作单位里更应如此。一则因为低头不见抬头见，跟同事闹矛盾后多别扭、多难受呀！二则干吗要为工作跟同事脸红脖子粗、吵架、揭短甚至打架？连老板都只需按投资额为其公司承担有限责任，难道一般员工需要比老板还投入其中，以至于在为工作争执的过程中凶相、丑态毕露吗？

作者不是鼓励大家不讲原则、不坚持自己的观点、不敢竞争只做和事佬，而是劝告大家不要因为自己的情绪和行为风格跟同事针尖对麦芒。在作者以前就职过的单位，一个科室的主任和主任工程师（科室的一、二把手）因打架而均被撤职。如果因为工作而出现这样斯文扫地的情况实在是一件悲哀的事。

企业之间发生激烈竞争时，双方员工也不应该动起手来。但是在社会上，这种情况还挺多，双方打得头破血流，甚至更严重！何苦呢？老板也许一时很感动，拍胸脯、做许诺，但事后往往（暗地）埋怨打架者给公司添麻烦。毕竟造成了恶劣的社会影响，老板还得花精力、花大钱善后。而打架者很可能还要负法

① 2018 年 8、9 月的新闻。

律责任。打架的人难道当时真的是因为全心全意为了公司的利益而硬上吗？不见得，更大程度上还是为了自己争那口气吧。

《罗伯特议事规则》由美国人罗伯特于1876年首次编撰，随后不断被完善，后来被美国国会采用。其中有一条规则“面向主持，免得生气”，意思是每次开讨论会或辩论会都要指定一个主持人，主持人不能有偏向，只负责维持会议规则。正反两方的人轮流发言时，必须面向主持人陈述自己的观点和依据，不能直接辩论，这样就能减少情绪冲突的机会，使讨论或辩论在理性的状态中进行。

我们常看到正反双方的律师无论争辩得多么激烈，都始终面向法官发言（希望获得法官和陪审员的赞同），尽管整个庭审针锋相对，但是不会发生指着鼻子骂娘的情况，可谓火而不乱①。

11.6.3.2　迁就

迁就是指把他人需要置于自己的需要之上，从而达到维持和谐关系的目的。管理者可以采取迁就态度和措施，应对一些不太重要、无关大局的冲突；或者在缺乏使用其他策略处理冲突的办法和能力时，也可采取迁就策略。

除了在组织中人们常常采取迁就的做法。例如领导为了顾全大局迁就下属的不良做法，组织成员迁就同事的无礼举动。在家里，迁就更是经常采用的相处策略。家里基本上不是讲谁对谁错的地方，而是讲感情、亲情的地方，所以更需要迁就的做法。

11.6.3.3　强制

以牺牲其他各方的观点为代价，强制采纳一方的观点。

11.6.3.4　妥协

冲突的各方协商并且寻找一种能够使各方都有一定程度满意的冲突解决方法，是一种各方都做一些让步的办法。妥协实质上是一种交易。使用妥协策略时，要着重防止满足短期利益在前，牺牲长期利益在后的妥协方案的消极影响，例如国与国之间的妥协。

11.6.3.5　合作

集合多方的观点和意见，得出多数人接受的冲突解决方案。

---

① 汪克夷，齐丽云，刘荣. 管理学(第二版)[M]. 北京：清华大学出版社，2016.

11.6.3.6 谈判

谈判是双方或多方为实现某个目标，基于有关条件达成协议的过程。

零和谈判和双赢谈判是两种基本的谈判模式。

零和谈判是指在一次谈判中，有赢家就必然有输家的谈判，就像赌钱一样。

双赢谈判把谈判当作合作的过程，并尝试和对手像伙伴一样，共同找到满足双方需要的方案，使冲突更少、费用更合理、风险更小。

在国际商务谈判中要注意入乡随俗，避免因不了解对方的宗教、政治、礼仪、风俗、习惯而做错事，说错话，破坏了谈判效果。要做到"入竟(通"境")而问禁，入国而问俗，入门而问讳"[①]。《论语》记载："子入太庙，每事问。或曰(有人说)：'孰谓鄹人之子(指孔子)知礼乎？入太庙，每事问。'子闻之，曰：'是礼也。'"孔子如此博学尚且如此谨慎，确为后人树立了好榜样。

管理者应根据特定的情景选择解决冲突的不同方法。各种方法都有其优缺点，各有各的适用面。

① 出自《礼记·曲礼上》。入门问讳：在古代拜访别人之前，先问清楚他父祖的名，以便与其谈话时避讳；也泛指问清楚有什么忌讳。

第12章　激　励

激励是根据人们的行为规律，提高人们的积极性；是通过影响人们的内在需求或动机，加强、引导和维持人们某种行为的一种活动或过程。通用电气集团前首席执行官韦尔奇说：领导必须热爱自己的员工，拥抱自己的员工，激励自己的员工。

激励过程如下：需要→动机→行为→绩效。

首先，只有比较清楚地了解组织成员的人格属性，管理者才知道被管理者在想什么、需要什么。其次，员工在组织环境中表现出的行为是其心理属性及其变化的外在表现；激励是通过作用于员工人性方面的深层因素，以影响其行为的内在驱动力（动机），从而激发其工作积极性。这里的影响包括加强和改变。再次，成功的激励可以创造一种良好的组织氛围，在这种氛围中，组织成员复杂多变的人性不断得到完善、发展和升华，使组织成员的行为受到一种强大的精神力量的支配，并且使组织成员在追求组织目标的过程中实现自己的需要。

12.1　激励理论

激励理论的种类较多，见图12－1。本节仅论述其中的3种，2.3.1小节已论述过需要层次理论和激励—保健双因素理论。

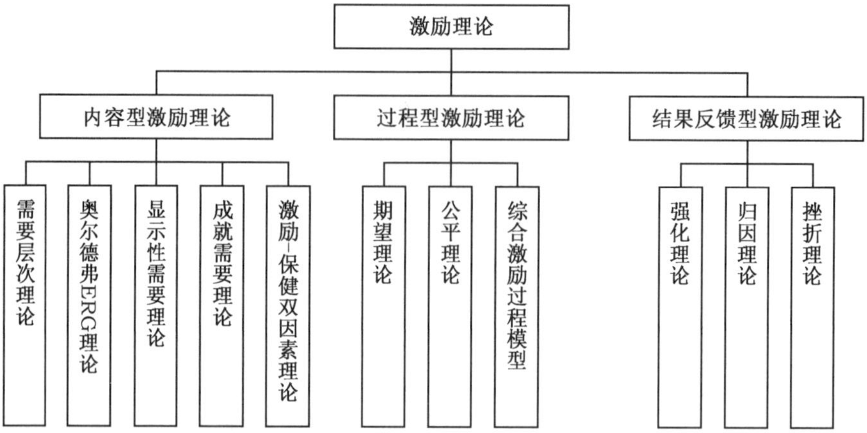

图 12—1　形式多样的激励理论

12.1.1　期望理论

弗鲁姆认为，员工的工作积极性是其工作价值与期望值的乘积。

$M=V\times E$

M(Motive)表示工作积极性；V(Value)表示价值，指员工对这项工作及其结果能够给自己带来满足程度的评价；E(Expectation)表示期望值，是员工对工作目标实现概率的估计或对奖励兑现可能性的估计。

12.1.2　公平理论

公平理论是美国心理学家亚当斯首先提出的，也被称为社会比较理论，主要讨论报酬的公平性对人们工作积极性的影响。

员工会思考自己的收入与付出的比率，然后将自己的收入付出比率与相关其他人的收入付出比率进行比较，被比较的对象可能是其同学、同事、老板，或行业平均水平。所得(或收入)指一个人在工作中得到的，包括工资、福利、满意度、安全感、工作意义、奖励等。付出是指这个人对组织做出的贡献，包括努力、工作时间、才能、额外投入等。

人们通常希望自己的付出与获得相称。员工如果认为自己收入与付出的比率与他人的相同，则感到公平，公平感使员工对他们的获得感到满意。若小于他人的，则产生不公平感，不公平感会引起员工的不满，员工就会产生一种纠正它从而使两者（付出与获得；自己的比率与别人的比率）的关系恢复平衡的企图。实现这种企图的措施：采取消极怠工的态度，降低努力程度，减少自己的产出；与老板谈判；集体罢工；有的人可能会通过不法手段攫取额外利益。

若自己的收入付出比率大于他人的，则该员工可能会更加珍惜自己的工作，可能会加倍努力，以使自己的付出与自己的收入相称，或者说与他人的收入付出比率持平；该员工也可能会自欺欺人，夸大自己的付出，假想自己的收入与付出持平，而不愿更加努力奉献或主动减少自己的收入。

公平理论的不足之处是，员工对公平的判断是主观的。人们常常有过高估计自己的付出、过低估计自己所得报酬的倾向，而对他人的估计则刚好相反。所以人们容易不知足，并轻视、忌妒他人。这种情况给管理者施加了较大的压力。

尽管做好这方面的工作很难，但管理学者仍须努力研究，管理实践者仍须继续探索：在哪些方面管理到位，例如分配资源到位（减少纷争），分配利益到位（减少不公），宣传企业文化和奉献精神到位（减少错误思想，减少斤斤计较，减少认识误区）；在哪些制度方面设计到位（便于衡量、评估和比较绩效）。从而使员工正确认识自己在组织中、在其职

位上的付出与获得。

寓言

公平地分粥

有七个人住在一起，每天分食一桶粥。要命的是，每天的粥都是不够的。一开始，他们抓阄决定谁来分粥，每天轮一次。于是他们只有在自己分粥的那一天能吃饱。后来他们推选出一个道德高尚的人出来分粥。强权就会产生腐败，大家挖空心思讨好他、贿赂他，搞得整个小团体乌烟瘴气。然后大家组成三人的分粥委员会及四人的评选委员会，互相攻击扯皮下来，粥被吃到嘴里时全是凉的。

最后他们想出一个方法：轮流分粥，但分粥的人要等其他人都挑完后，拿剩下的最后一碗。为了不让自己吃到最少的，每人都尽量分得平均，就算不平均，也只能认了。大家快快乐乐，和和气气。

评析：寓言最后一段中的做法显示了良好制度的力量和公平的效果。热衷于把精力过多地放在思想教育和做指示上，而对制度设计方面却不太用心，关注过少，这也是一些工作总是流于形式的原因。

案例

奖金分配风波

某煤矿因为上级矿务局发放的生产安全奖金（该煤矿以前没有获得过此种奖金）分配严重不公，领导们的奖金比普通员工的多得多，引起基层员工和中低层干部普遍不满。此次奖金分配风波破坏了原来的团结氛围，打击了大部分员工追求安全生产的积极性；甚至有矿工故意造成安全事故，宁可自己受一点伤，也不让上层的头头脑脑们拿安全生产奖金的大头。该煤矿的精神风貌自此产生了不好的逆转。

12.1.3 强化理论

美国心理学家斯金纳提出：人的行为是其受到刺激的函数。刺激对此人有利，其行为重复出现；刺激不利，行为减弱，直至消失。管理者应采取适当的强化方式，使人们的行为符合组织目标的要求。负强化——惩罚不符合组织目标的行为，使这种行为减弱，直至消失。负强化应以连续负强化为主。

印度的工作机会相对较少，员工主要关心工作是否稳定，因此主管或领班可以有效控制员工，解雇及其他纪律措施的负强化刺激效果明显。这些负强化刺激效果在美国就比较弱。

在中国的“80 后”“90 后”群体中，负强化刺激效果也不如比他们年长的群体中的强。因为“80 后”“90 后”群体大多自幼生活在富裕、宠爱的环境中，不差钱，也没有太多的后顾之忧，个性强，甚至常常以自我为中心，他们的主管如果不恰当地、过多地使用负强化，可能会激起这些年轻员工的强烈反弹，他们甚至会炒主管和公司的鱿鱼。

正强化(positive reinforcement)——奖励符合组织目标的行为，使这些行为进一步加强。

(1)连续的、固定的正强化。每一次都给予强化，或每隔一固定时间给予一定量的强化。久而久之，激励因素变成保健因素了，不起激励作用；人们对强化的数量会有越来越高的期望。

(2)间断的、时间和数量都不固定的正强化。实践证明，后一种正强化更有效。

[思考题]

不少公司实行工资保密制度，具体做法是公司与员工签订一份保密协议，协议规定不许打探、议论其他员工的薪酬，否则视作违纪，情节严重者可解除劳动合同。根据激励理论，该制度有何优劣？①

拓展内容

保护员工的隐私

与工资保密制度相关的是人力资源部门以及行政部门员工的职业素养问题。由于公司制定了工资保密制度，因而这些员工知道需要对全体员工的工资保密，但却会忽略一个基本原则，即对员工的隐私保密，这也是员工的安全需要。

例如，人力资源部门或行政部门的员工需要全体员工或者某个部门的员工补充一些个人信息，他们就把已包含员工重要信息或隐私信息的表格群发给各个部门或某个部门的全体员工，要求后者补充信息。这些已有信息往往包括了员工的家庭地址、年龄、婚姻状况等隐私信息。

人力资源部门或行政部门的这种做法是很不尊重别人隐私的行为。他们这么做可能仅仅就是为了减少自己的麻烦，不想把一个大的表格拆分成各个部门的小表格，然后分发给各部门；以及不想删掉隐私信息后再把表格发给各部门，不想将来收集好需要的新信息后，再把这些新信息复制到原表格中。他们未采用的操作方法虽然多了几个步骤，但是并不复杂，也不难。而一些人力资源部门或行政部门的员工为了避免这一点点麻烦，进行的操作显得那样不专业。

---

① 分析：(1)工资保密制度的优点：通过工资保密制度，使得企业员工不能相互比较工资，从而避免不公平感造成的工作积极性下降。通过工资保密制度，使公司可以较为个性化地、灵活地(管理者没有太多顾虑，这正是管理的经济方法相对于法律方法和行政方法的优点)使用强化理论中的各种正强化和负强化手段，从而修正员工行为，使其符合公司战略目标。通过工资保密制度可以缓解因工资不同造成的相互妒忌等现象，有利于员工团结，使组织氛围更和谐。另外，不少员工不希望自己的工资情况被别人知道，因而此项制度满足了这些员工的安全需要。

(2)工资保密制度的不足：这种制度的透明度不高，使员工不了解公司的奖惩政策、奖惩执行情况与企业文化。

这也与我国社会的大环境有关，不少人对自己的个人隐私不太在意，保护意识不太强，所以一些公司的人力资源部门或行政部门的员工才敢这么做。

12.2 常用激励手段

12.2.1 工作激励

通过委以恰当的工作激发职工的工作热情，例如员工感兴趣的工作，能发挥员工的特长与能力的工作，与员工的能力、资历和贡献相称的工作。一位负责销售教育类书籍和软件的女士说：她对5万美元的佣金并不看重，她在销售图书时压根儿没考虑报酬，而是真心投身于帮助孩子们提高阅读能力这样一个高尚事业。再如很多老师的工资并不算高，但他们常常忘记收入的事情，而是一心一意投入教育这个崇高的事业。

案例

在米其林公司，如果某员工希望调动工作，该公司的职业生涯经理也支持，则该员工的主管不能强行把该员工留在自己的部门，公司会尊重该员工的选择。在阿里巴巴，员工转岗也无须征得其部门主管同意，只要接收部门同意，原部门主管必须无条件放行。

案例

作者也看到过反面的案例。作者曾就职的一家德国在华企业，该企业有一个部门叫内部销售管理部门（主要负责发货管理等工作），该部门大量使用ERP软件。在公司推行ERP软件初期，该部门有一位员工表现较突出。熟练使用ERP软件是一项“通行的高端手艺”，因此该员工希望调到信息管理部从事ERP应用工作，信息管理部的经理也很乐意接纳。但内部销售管理部的经理却不肯放行，最终该员工也未能如愿。可以想象，他有多么失望。

案例

在京东，配送员是公司的内部正式员工，只要在公司干过一两年的优秀“老员工”，就有可能成为配送站的站长。这样的机会不算少，因为京东自身也在快速发展。配送站站长如果工作满三年，能力又优秀，京东将允许他们回老家建立配送站（荣归故里），承包公司的业务，与公司转为合作关系。

12.2.2 批评激励

通过批评激发职工。要使批评有效，须注意以下几点。

(1)发挥火炉效应，让犯错者像不敢再以手碰滚烫的火炉那样，不敢再犯同样的错误。

(2)事先警告或事先提醒，而不是只有事后批评，否则被批评者可能不服气，并且也说明批评者或管理者没有尽到自身的责任。

(3)及时处理，避免当时不说，过后却拿出来说，这样的话，容易让员工感觉管理者批评自己是为了发泄一己私愤。

(4)人人平等，如果做不到人人平等，将导致管理者的权威受损，导致管理制度形同虚设。

(5)对事不对人。

批评时就事论事，不否定人，要认识到每个人都有长处。例如一位同学没有做好某几件事，其导师就下结论：这个同学脑子不活络。然而一两年后，这位同学的研究成果在团队里反而是拔尖的。其实其他同学较早就反映这位同学很厉害，请他帮忙用 Matlab 软件计算和展示模型结果，他两三天就做出来了。

有的领导评价某位员工时用了较负面的话语（评价较低），因为这位员工给这位领导留下了负面印象，可是后来这位员工获得了一项具有很高价值的科研项目/成果——出乎所有人的意料。所以不要轻视任何一个人。

12.2.3　金钱

案例

迈克尔斯是一位电话推销员，每天的工作就是打电话，兜售一些人家根本不需要的东西，而被拒绝是痛苦的。他每次上班前胃都会不舒服。只有金钱能够刺激他继续干下去。有一年他赚了 12 万美元，如果他从事别的职业（也许是他喜欢的职业），恐怕根本赚不了这么多。

（资料来源：理查德・L・达夫特．范海滨译．管理学（第 9 版）[M]．北京：清华大学出版社，2012.）

销售主管要求销售人员每月、每周、每天填写并提交各种拜访记录、市场行情、竞争对手信息、销售统计等报表，而销售人员要么拖延提交甚至常常以各种理由漏提交或不提交，要么就是信手填写、交差了事。销售人员的想法是：我们的职责是增加销售，我们的收益也基于销售，这些报表跟我们有什么关系？你销售主管拿到了这些报表可以进行分析，但那是完成你的工作，我们能得到什么好处？这不是我们的职责，反而会耗费我们的宝贵时间，影响我们的销售工作。

销售主管对这些销售人员还真没办法。不过生产主管在这方面也顺心不到哪里去。生产主管也会要求工人们每天填写各种报表，以便控制生产进程和质量。虽然工人们都在主管的眼皮底下，他们想漏交或不交报表是不现实的，但他们也会采取类似销售人员前面的"对策"——胡乱填写报表。这样的报表显然没有价值。工人们的想法跟销售人员前面的想法类似：我们只要好好干活，保质保量完成任务，拿工资养家糊口，报表和数据分析跟我们有什么关系？

对上述矛盾，单纯靠（反复）开会、强调、做思想工作是较难见效的，需要把填写报表的工作与员工的岗位职责、工资、奖金紧密结合起来，并设置有效的检查制度，员工们才会重视此项工作，并真正把它看作自己的职责。

案例

“海底捞”热情服务的背后

海底捞火锅店的装修一般，地理位置也一般，但是它有一点非常不一般——就是它的服务员非常热情，非常亲切，让顾客觉得宾至如归。“小米”公司的老板雷军有一次去海底捞体验他们的热情服务时，就问其中一位服务员，你整天为什么那么乐呵？这位服务员回答说，人家说我四十几岁的下岗女工找不到工作，可海底捞给我四千多元的工资，我睡觉做梦都会笑醒。

员工在海底捞感觉很好时，对客户的态度与别家的就不同。

（资料来源：单凤儒，金彦龙．管理学——互联网思维与价值链视角[M]．北京：高等教育出版社，2015.）

华为的执行力有文化基础和精神基础，也有物质基础。华为公司把利益让出去，让员工拿到高薪。员工拿到高于市场的薪酬后，就更珍惜自己的工作岗位，而这种珍惜使员工更依赖组织，这样就为加大管理力度和加强执行力提供了条件。

牛根生不管在伊利工作时还是创办蒙牛后，他和他的许多高管也采取了类似的策略——财散人聚（儒家就有此思想）。他们毫不吝啬地把自己的年终奖和红利分给下属，甚至把奖给自己的房子也送给下属，请下属吃吃饭都是小意思了。所以他们的下属也铁了心跟定他们创业。

大多数人都重视金钱激励，但金钱激励并不总是无条件地成为人们追求的第一目标。

12.2.4 认可与奖励

对职工的工作成果予以认可和奖励。奖励的基础是正确评价职工的工作成果，因此需要通过民主的方法建立尽可能量化的、科学的指标体系，使职工知道努力的方向。海底捞餐饮公司考核每位店长的指标只有两个：客人的满意度和员工的工作积极性。在海底捞，没有管理才能的员工，通过任劳任怨的苦干也能获得认可，普通员工如果成为功勋员工，工资收入只比店长的差一点。

案例

华为公司向员工广发金牌

除了物质奖励，华为公司也很重视非物质奖励，重视荣誉制度，例如向优秀员工发金牌。2013年华为第一次评金牌就发了200多块，华为专门开了表彰会。金牌是在法国一家有一千年铸币历史的铸币厂特别铸造的。2014年扩大到两三千块，2015年又继续扩大。有人担心，金牌发多了后，金牌的“含金量”会不会被稀释？

任正非总裁对此讲了一番道理做解释。他说，他在20世纪70年代当兵的时候，那时部队评选“学习毛主席著作积极分子”，那是极少数优秀士兵方能获得的，大概不超过5%。但是还有一项荣誉——“五好战士”，这个荣誉覆盖了超过50%的士兵，这样就使得优秀士兵是多数而不是少数。这就形成一种势，后进的士兵就坐不住了，因为多数人都是“五好战士”，为什么你不是啊？所以后进的就更努力；先进的士兵又会被后进的推动着，也更努力，以保持荣誉。这就是“蓬生麻中，不扶自直”（《荀子·劝学》）。蓬草本来是匍匐地长的，但它长在麻中，不由得它不直着长——要生存，要见阳光就得直着长。

（资料来源：黄卫伟. 华为如何让18万优秀人才“累、爱并快乐地奋斗”[OL]. 2017－3－3.）

12.2.5 带薪休假和享有一定的自由

带薪休假是指劳动者连续就职一定期限，就可以享受一定时间的带薪假期。

案例

GE公司有一个部门主管工作很得力，所在部门连续几年盈利。韦尔奇则认为该主管可以干得更好。这位主管不是很理解，韦尔奇建议他休一个月的假，放下一切，等再回到公司时，就要像刚接下这个职位那样工作，而不是已经在这个职位上做了四年。休假之后，这位主管果然调整了心态，像换了个人似的，对本部门的工作有了新的思路和对策（模拟外聘效果）。[①]

上述案例告诉人们，不能总埋头干活（容易形成思维定式），要适时给自己一个空档期，可能有意想不到的收获。再说，必要的休假有利于员工的健康和恢复精力，这对其所在单位也是有益的事情。所以企业管理者在员工休假事项方面不要吝啬（在时间和金钱方面），千万不要看不得员工休假和“闲着”，不要短视，要看到长远的好处。

灵活的坐班时间[②]：为了送孩子上学，上班早的员工可以早下班；为了在上午处理家务，上班晚的员工则晚下班。可以在家工作。在工作中有一定程度的决策自由。

有一家公司每到冬季缺勤率就比较高。该公司分别聘请了两家咨询公司，采用了一些耗费大量经费和精力的措施，却没有什么效果。后来，聘请的第三家公司对那些老是迟到的员工进行调研，才发现原来他们都去做兼职滑雪教练，赚外快去了（这些员工可能不会对公司管理者说出实情，但可能会告诉咨询人员，因为咨询人员并不认识他们，再加上如果调研是不记名进行的话）。找到真正的原因后，有效的对策就容易产生了——采用灵活的坐班时间，既满足这些员工的兼职需求，又能让他们按自己拟定的上班时间准时上班。

美国管理协会的一些专家还认为：如果员工的上班时间更自主，他们就不会同时到达公司，然后花半个小时到一个小时聚在一起喝咖啡、看报纸了。即灵活的坐班时间制度可以避免这种时间浪费，使员工们更快地进入工作状态。弹性坐班制也有不足，例如员工不能同时到达公司，导致一些工作的协调较困难。

除了在工作时间的选择方面给予员工自由，还可以考虑在工作内容的选择方面给予员工自由。IBM 和杜邦等公司也都允许员工利用 5%～15%的工作时间实现他们的兴趣和想法。

在阿里巴巴，一位刚入职的员工“不务正业”，耗时 8 个月痴迷于与其自身业务关联不大的技术难题。其部门主管也欣然接受这一状况，尽管这对他们双

---

① 刘海兵．管理学——创新的观点[M]．北京：科学出版社，2018．

② 其变形是压缩工作时间、压缩工作周，此方法可减少支付工资，在困难时期（例如经济危机时期）可减少裁员，也可减少组织的能源消耗。

方而言都是在冒险。最终,该员工的技术方案被纳入全球性的技术标准里[①]。

还有,考虑给予员工在工作过程中的决策自由,也就是决策权力。在海底捞火锅店,服务员都有免单权。不论什么原因,服务员只要认为必要,都可以免费给客人送一些菜,甚至免掉一餐的费用。这是充分信任基层员工,相信一线员工更知道服务现场的实际需要。

12.2.6 员工持股

员工持股是员工所有权的一种实现形式,是通过让员工持有本公司股票或期权而使其获得激励的一种长期绩效奖励计划,是欧美等发达市场经济国家普遍流行的一种企业制度安排。员工持股的作用包括:扩大企业的资金来源,增加员工收入;奠定企业民主管理的基础;留住人才,为员工提供安全保障;完善公司治理结构,增强员工的工作积极性和企业的凝聚力;调整企业收益权,转变企业约束机制。

员工持股的另一种形式是管理层持股,这种形式能增强管理层与董事会目标的一致性,降低两者的沟通、协调成本。

12.2.7 提供个人发展和晋升的机会

提供个人发展和晋升的机会,可以激励组织成员的长期良好行为。传统薪酬制度中的职位级别多,员工比较容易得到晋升;宽幅式薪酬制度中的职位级别少,员工可能长期在一个职位级别里面移动,长时间内员工只有薪酬的变化而没有职位的晋升。

而职位晋升对员工来说也是一种相当重要的激励手段,尤其对知识员工或薪酬达到一定水平的员工来说更是如此,晋升机会减少往往导致员工士气低

① 乔忠. 管理学(第 4 版)[M]. 北京:机械工业出版社,2018.

落[1]。华为公司实行的轮值CEO制度是职位晋升制度的较新做法——让一个小团队领导公司，培养轮值CEO，使团队的每一个成员都有使命感和成就感。

把工作场所打造成每位员工都能学习、奉献和成长的地方，各级管理者考虑每位员工的才能、兴趣和需求，通过针对性的激励，提高员工的敬业程度，实现组织的目标。海底捞餐饮公司几乎所有的高管都是服务员出身，这些大孩子般的年轻人独立管理着几百名员工。

“给猴子一棵树，给老虎一座山。”“没有无能的士兵，只有无能的将军。”管理者应充分了解下属的特点，知人善任。领导者、管理者做到这一点，一方面使绝大多数员工获得较大发展，另一方面使组织实现高绩效。做一个类比，在战场上，一方士兵的整体素质可能不如对方，但如果统领他们的将军能巧妙、高效地安排他们的任务，排兵布阵，仍有可能打败对方。

例如我国历史上无数次的农民起义中，那些拿着极其简陋的“武器”的农民，为什么能攻城略地，打败受过训练、武器精良、给养充足的官兵？也许农民军的人数多是一个原因，但我们也不能忽略农民军首领启迪农民对腐败朝廷的仇恨、激发他们斗志的巨大作用。在那样的情景中，农民们认准了一个理：只有造反方能有活路。

因此在安排每一位组织成员时，无论在战场上、工厂里、公司里、科研机构里，以及以前农村的生产队里，也应有效运用上述的道理。作者讲一个极端情况：不管在哪种组织，总有“能力比其他人差”（不一定真的差）的成员，甚至真有木讷、不合群甚至古怪的人，但管理者一定要冷酷地把他们“扫地出门”吗？（往往做不到）其实即使这种人，组织内一般也有适合他们的岗位，只要把他们放到这些合适的岗位上并予以恰当的激励，他们就能发挥很好的作用，甚至是超常的巨大作用——令所有人都大跌眼镜。

12.2.8 战略前景激励

战略前景是由组织领导者为组织创造的、用简明的文字描述的组织未来。

---

① 刘欢．新一轮国企改革中宽幅式薪酬存在的问题及对策研究——基于DRHJ集团为例[J]．经营管理者，2016，11(上)．

有效愿景的重要标准:是未来的长远目标;简单清晰;激动人心;是对未来真心诚意的承诺。

描绘战略前景是一项创造性活动。战略前景强调价值,强调组织最终想要的结果,所以它是成果导向的,并不强调实现的具体手段。有效的领导者通过描绘组织前景/远景,为组织成员指明前进方向并鼓舞士气。诸葛孔明的"隆中对"就指明了刘备部众的奋斗方向,甚至提供了具体的战略步骤。一个有效的领导者往往能以自身对战略前景的热情,感染周围的人。

管理学家斯托纳—泽曼尔(J. Stoner-Zemel,1990)提出:

前景=宗旨+价值+信仰+形象

(1)组织宗旨(purpose)/使命(mission)阐明了组织存在的理由,即一个组织在社会中价值贡献的基本定位,本质上是一种带有价值观的组织责任描述,内容方面是达到目标的形式,回答"我们是谁""为何追寻"这些问题,是组织根本的、崇高的责任。

企业使命是企业最基本的、使自身区别于其他企业的经营目的,反映了企业管理人员对本企业的性质和活动特征的认识,是企业制定和实施战略的依据。企业使命决定了一个企业做什么,不做什么。它是一个企业的人员思考、决策和行动的共同的根本依据。具体如图 12—2 所示。

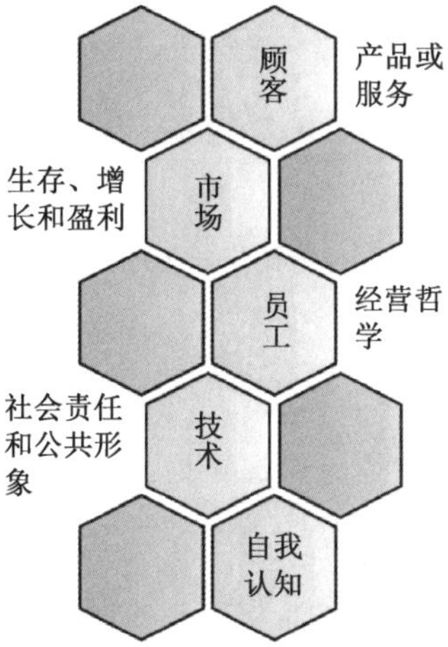

图 12—2　陈述企业使命的关键要素

企业使命内容如下：

①经营主线。描述了企业的业务活动，包括对客户、市场、技术的确认，阐明企业需要满足的对象、企业竞争的场所，以及企业能提供的产品或服务。

②经营目的。企业未来一段时期内需要达到的经营结果，反映了企业生存、发展和获利的能力，也反映了企业自身及其有关利益方对企业的期望和要求，表明了企业的战略方向。

③管理哲学。反映了企业的基本价值观、企业内共同认可的行为准则和企业共享的信仰。

④公共形象。反映管理人员认识到企业是一个开放的系统及企业对社会责任的认识。

⑤自我评价。企业对自身经营优势和劣势的客观分析，企业经过自我评价可以确定自己在竞争中的地位。

企业使命还可涉及更多的内容。企业使命内容的特征应当是：短小精悍，规定业务范围，不具体描述任务，简单描述企业文化。企业领导应当有使命感，并努力使所有员工都认同这个使命感，然后方能扛住所有压力，坚定地实现企业目标。

(2)战略价值揭示了对组织有意义或重要的事物。

案例

乔布斯对负责 Mac 计算机操作系统的工程师进行价值激励是一个典型例子。他走进操作系统办公室，问这位负责人能否把 Mac 计算机的开机速度加快 10 秒。这位负责人正想解释点什么，估计想辩解一下，说明当前的开机速度已经很快了，很难再提高。

可是乔布斯没有给他解释的机会，而是紧接着问：如果加快 10 秒就能拯救一个人的生命，你能使操作系统的开机速度提高吗？乔布斯接着给他算了一笔账：假如全球有 500 万人使用 Mac 计算机，每天开机时多花 10 秒，一年就要浪费 3 亿多分钟，相当于 9 个人的终生寿命。几周后乔布斯再走进操作系统办公室时，他发现开机时间缩短了 28 秒。

有人说，乔布斯就是这样一个劝说、安抚、哄骗，甚至威胁他人的心理大师。

他让员工相信他们自己可以像上帝那样，完成一些看上去不可能完成的任务以改变世界，使他们拥有了创造革命性产品的热情[3]。

(3)信仰是人们对自己及世界的可能性的一种认识。

(4)形象——领导者在前景中把人们向往的最终成果用生动的语言描述出来，这样的前景容易打动组织成员，激发他们的热情，而用生硬、贫乏的语言描述的前景则难以达到这种效果。

激励策略如下：

①稳定关键的少数人，但需要含蓄地进行，不要让非关键的人感觉到这一策略和做法。

②不断改善环境。

③增进成就激励。

在《三国演义》中，曹操每每在做出重大的决定之前，都要广泛征询谋士们的意见，再从长计议。这样做能减少决策失误；还有一个好处就是给予谋士们以鼓励，使谋士们感觉获得重视。让人们的才华得到施展，是给予他们的最大的尊重。一位老板花重金聘请来一位有能力的职业经理，但对该经理言不听计不从，常常不打招呼就做决定。这位老板即使给再好的待遇，该经理会留下来吗？答案往往是否定的。

12.3 激励与考核制度设计

有效的激励是建立在科学的考核基础上的，如果考核制度不科学，激励就会无的放矢，事倍功半。

12.3.1 英国商船运输囚犯到澳大利亚的故事

18世纪英国政府将囚犯运往澳洲搞殖民地开发，把运输犯人的业务承包给私人船主，英国政府根据上船的犯人数向船主支付。当时那些运送犯人的船只大多是一些很破旧的货船改装的，船上设备简陋，没有什么药品，更没有医生；船主为了牟取暴利，尽可能地多装人，导致船上的环境十分恶劣。船主按人数拿到了政府的钱，一旦船只离岸，对这些犯人能不能远涉重洋活着到达澳洲就不管不问了。有些船主为了降低费用，甚至故意断水断粮。

三年后英国政府发现：运往澳洲的犯人在船上的死亡率达12%，其中有一艘船的情况最严重，船上的424个犯人死了158个，死亡率高达37%。英国政府花费了大笔资金，却未能较好达到移民的目的。

怎么解决这一问题呢？英国政府想了很多办法。对每一艘船都派一名公务人员监督，再派一名医生负责犯人的医疗卫生，同时对犯人在船上的生活标准做了硬性的规定。但是，死亡率不仅没有降下来，有的船上的监督人员和医生竟然也不明不白地死了。原来一些船主为了贪图暴利，贿赂监督人员，如果他们不同流合污就被扔到大海里喂鱼了。政府支出了监督费用，却照样大量死人。

政府又采取新办法，把船主都召集起来进行教育培训，教育他们要珍惜生命，要理解去澳洲开发是为了英国的长远大计，不要把金钱看得比生命还重要。但是情况依然没有好转，死亡率一直居高不下。

一位英国议员认为是那些私人船主钻了制度的空子。而制度的缺陷在于政府支付船主报酬是以上船人数计算的。他提出从改变制度开始：政府以到澳洲上岸的人数为准支付报酬，当然不包括死人。

于是问题迎刃而解。船主主动请医生跟船，在船上准备药品，改善生活，尽可能让每一个上船的犯人都健康地到达澳洲。一个犯人意味着一份收入，这些囚犯是船主的财源，当然不能虐待了，正如牧羊人不会虐待自己的羊一样。这时私人船主就不会一味多装囚犯，因为要给每个人多一点生存空间，要保证他们在长时间的海上生活后仍能活下来，还要让他们吃饱吃好……这些抉择与措施是复杂的，但现在这是船主的事而不是政府的事情了。自从实行上岸计数的办法以后，船上的死亡率降到了1%以下。有些运载几百人的船经过几个月的航行，船上竟然没有一个人死亡。

分析：上述历史故事提到了英国政府激励私人船主配合政府的移民政策，降低船上囚犯死亡率的三种解决方法。前两种方法是政府干预和道德说教。政府使用道德说教方法时，希望私人船主良心发现，寄希望于人性改恶从善，不图私利。但船主也是冒着生命危险做海运生意，船主之间还有激烈的竞争，他们怎么能不唯利是图，降低运输成本呢？以上两种方法都有很大的实施难度，同时效果也很微弱。

第三种方法是改变制度，设计新的制度。利用人的利己心，引导他们做有利于社会的事。坏的制度会让好人作恶，好的制度能让坏人从良。

扩展到更广泛的领域，这三种方法都有各自不同的作用，但也有各自的局限性。道德说教依靠改善人性，缺乏约束力；行政干预的代价大，干预过多会损害个人自由；与其他两种方法相比，制度规范是最有效的。这正是经济学家重视制度的原因。我国改革开放40年来取得了巨大成就，说到底是各项制度发展、完善的结果。现实中存在的各种问题也基本上是缺乏制度规范或制度不完善的结果。

12.3.2 美国空军和降落伞制造商的故事

这个故事发生在第二次世界大战中期，当时降落伞的安全性能不够。在厂商的努力下，合格率逐步提升到99.9%，而军方要求降落伞的合格率必须达到100%。对此，厂商不以为然。他们认为，能够达到这个程度已接近完美，没有必要再改进。厂商一再强调，任何产品都不可能达到100%合格。

然而99.9%的合格率就意味着每一千个伞兵中，会有一个人因为产品质量问题在跳伞中送命，这显然会影响伞兵们战前的士气。后来军方改变了检查产品质量的方法，决定从厂商前一周交货的降落伞中随机挑出一个，让厂商的负责人装备上身后，亲自从飞机上跳下。厂商如果不愿意这么做，那么他们就不能继续与军方做生意。

实施这个方法后，奇迹出现了，合格率立刻变成了100%。

100%的合格率出现的主要原因如下。

以前的做法还没有最大限度地涉及厂商们的自身利益，以致厂商们对千分之一的不合格率没有切身感受，甚至认为这是正常的，对伞兵们平均每一千人死一个的现象表现漠然。后来一改制度，让老板们自己先当一回"伞兵"，先体验一下这"千分之一"的感受，合格率奇迹就产生了。这一定是老板们"夜不能寐""废寝忘食"的结果。

人是企业管理的所有因素中唯一具有主观能动性的因素。要想最大限度地激活人力资源，在制度设计方面就应充分考虑到，如何最大限度地调动并激活人的主动性和创造性，如何将设计制度的目标与执行者的切身利益最大限度地联系在一起。这是管理者在制度创新中必须面对的课题，也是管理者在工作中自始至终都必须面对的课题。

另外，上述案例中的这一激励制度也较好地处理了军方与厂商之间的矛盾。之前所有的厂商都不愿意继续努力使合格率达到100%，军方总不能一气之下中断与所有的厂商做生意，因为军方毕竟需要购买降落伞。

采用这一激励制度就如同两军作战中，强势一方把包围圈给弱势方留一个缺口，弱势方才能逃走；而强势方既可乘胜追击，将其消灭，也可莫追穷寇。否则弱势方可能作困兽斗，强势方的利益就不能最大化了。这就是《孙子兵法》里的"围师必阙"策略。

军方要求厂商负责人当"伞兵"的做法，正是给双方都留了退路，也能有效激励那些有进取心、愿意与军方继续合作的厂商们发奋努力，最终使合格率达到100%。

参考文献

[1]周三多. 管理学——原理与方法(第6版)[M]. 上海：复旦大学出版社,2014.

[2]芮明杰. 管理学(第3版)[M]. 北京：高等教育出版社,2009.

[3]单凤儒,金彦龙. 管理学——互联网思维与价值链视角[M]. 北京：高等教育出版社,2015.

[4]李垣,焦俊,井润田. 管理学(第二版)[M]. 北京：高等教育出版社,2015.

[5]汪克夷,齐丽云,刘荣. 管理学(第二版)[M]. 北京：清华大学出版社,2016.

[6]海因茨·韦里克,马克·V·坎尼斯,哈罗德·孔茨. 管理学——全球化与创业视角(第12版)[M]. 北京：经济科学出版社,2008.

[7]赵丽芬,刘小元. 管理理论与实务[M]. 北京：清华大学出版社,2017.

[8]徐碧琳,陈颉. 管理学原理[M]. 北京：机械工业出版社,2017.

[9]曾旗,高金章. 管理学(第二版)[M]. 北京：高等教育出版社,2018.

[10]郭占元,曹雪梅,吴玉萍. 管理学理论与应用(第三版)[M]. 北京：清华大学出版社,2017.

[11]范贵喜,刘赛赛. 管理学理论与实务[M]. 北京：机械工业出版社,2017.

[12]赵玉平. 管理之道[M]. 北京：中国工人出版社,2017.

后记

有些学生或读者在上管理学课或阅读管理学教材时，可能会觉得其中的一些道理很简单，学习时便漫不经心。教市场营销学的同事提到类似的情况，她的市场营销专业的学生认为教材里的一些内容是一些普通的道理，不需要学习。一些道理虽然简单，但我们真的都会正确运用它们吗？都能在恰当的时间知道运用它们吗？

作者上课时常常提醒学生，从现在起就树立正确的观念，深刻领会管理课程里的道理，并努力举一反三，未来成为管理者或领导者后，做到学以致用。不管是管理者还是普通员工，管理学里的诸多道理都值得他们深思力行。

知道一些道理跟把这些道理深植内心，把这些道理融入自己的思维体系、思想体系之间，还有很大的距离。所以我们需要学习、思考和讨论，真正掌握这些道理。家长和老师如果只是把一些道理和规律（生活、学习、工作、做人、安全等方面的）平平淡淡地告诉孩子们，可能如同在水面上打了几个水漂，孩子们即使记住了这些道理，也不知道或者也不愿意遵循。应该想办法激起孩子们的共鸣，让他们自觉地、心甘情愿地接受和遵循那些有意义的道理和规律。

因此作者努力把本书中的各项管理原理用接近生活、工作的语言和简明扼要的案例说清、说透，使这些原理不再像过去那样往往以冗长、呆板、枯燥的面貌出现，而是更活泼、更有感染力地出现在读者面前。希望作者的努力使读者更认同并在生活、工作中自觉遵循这些管理原理。不能因为一些道理看上去很普通就怠慢它们，有价值、有意义的道理并不一定是夺目的、奇异的、深奥的或者华丽的。大家都很崇敬小平同志，在《历史转折中的邓小平》一剧中，小平说得最多的词语就是“实事求是、解放思想”。对这两个词，大多数人都耳熟能详，但我们都能自觉做到吗？小平同志认为，实事求是就是毛泽东思想的精髓。小平同志做到了，而且还鼓励许多党员、干部也做到，所以他使中国人民富起来了。

黄炜
2018年10月8日
于上海工程技术大学管理学院